深圳市龙岗区不可移动文物名录

深圳市龙岗区文化广电旅游体育局
深圳市龙岗区公共文化服务和产业促进中心 　编著

文物出版社

图书在版编目（CIP）数据

深圳市龙岗区不可移动文物名录 / 深圳市龙岗区文
化广电旅游体育局, 深圳市龙岗区公共文化服务和产业促
进中心编著. –– 北京 : 文物出版社, 2022.10
　　ISBN 978-7-5010-7787-8

　　Ⅰ. ①深… Ⅱ. ①深… ②深… Ⅲ. ①文物—深圳—
名录 Ⅳ. ①K872.654-62

中国版本图书馆CIP数据核字（2022）第165225号

审图号：粤S（2020）02-20

深圳市龙岗区不可移动文物名录

编　　著：深圳市龙岗区文化广电旅游体育局
　　　　　深圳市龙岗区公共文化服务和产业促进中心

封面设计：程星涛
责任编辑：崔叶舟
责任印制：张　丽

出版发行：文物出版社
社　　址：北京市东城区东直门内北小街2号楼
邮　　编：100007
网　　址：http://www.wenwu.com
经　　销：新华书店
印　　刷：宝蕾元仁浩（天津）印刷有限公司
开　　本：889mm×1194mm　1/16
印　　张：16.75
版　　次：2022年10月第1版
印　　次：2022年10月第1次印刷
书　　号：ISBN 978-7-5010-7787-8
定　　价：390.00元

编委会

总统筹
朱玉华

统　筹
罗伟南　禤志敏

主　编
王　颖

编　委
曾伟龙　徐丽怡　刘　东　侯美文

摄　影
王兆宇

龙岗区不可移动文物地图

N

0 500 1000M   2000M   4000M

东莞市

横岗街道

山厦炮楼　永安门老围

念妇贤医院　松柏围　石井头炮楼
纪劬劳学校　前进炮楼院　平湖大围

平湖街道

鹅公岭大围

新木老屋
上木古老围　木古炮楼院　大皇公老屋
新围仔炮楼院　新围仔老围

甘坑炮楼院　上李朗炮楼院
象角塘老围　大鳌埔老屋村
田心围屋

坂田街道

龙塘炮楼院

就昌楼
坂田老围（昌尧楼）　深坑炮楼院

杨美炮楼院

吉华街道

南湾街道

上水径老屋

丹竹头西炮楼院
竹头吓炮楼院　丹竹头南炮楼院
南岭围
大芬老围　俊千学校
祥瑞楼　大芬炮楼院　南岭炮楼　厦园炮楼　观祥古寺
布吉街道　大芬老屋　南岭炮楼院　桂花学校
凌氏宗祠　南门墩老围　樟树布炮楼

天兴楼　聚集楼
李屋炮楼　布吉老圩
布吉基督教堂
凌道扬宅

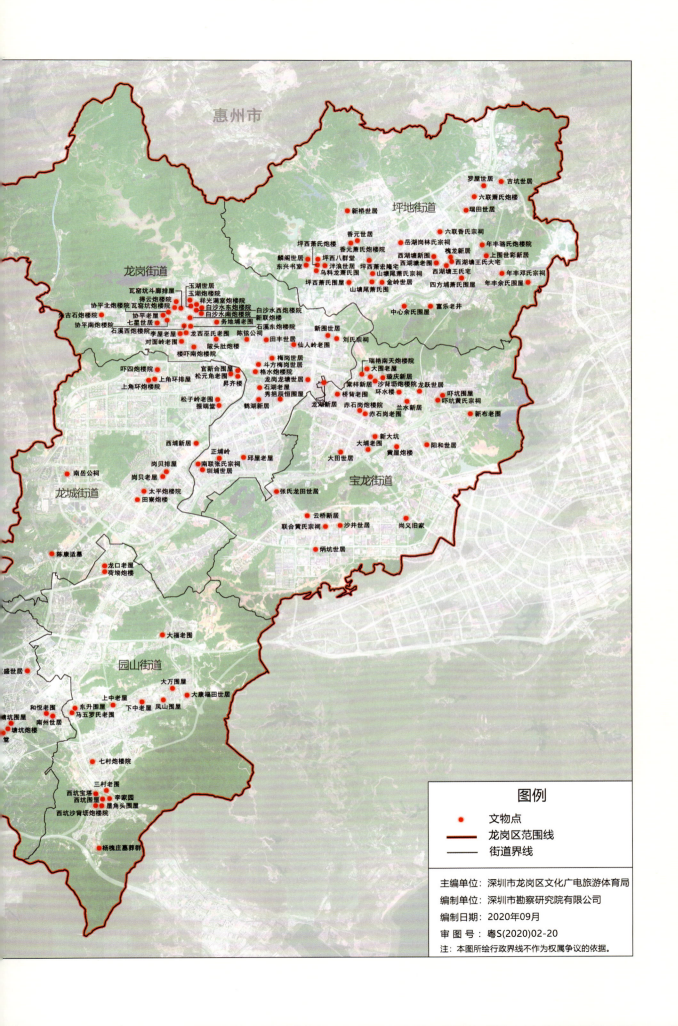

惠州市

坪地街道

罗屋世居　吉坑世居
六联萧氏炮楼
新桥世居　　　　瑞田世居
香元世居　　　六联香氏宗祠
坪西萧氏炮楼　香元萧氏炮楼院　岳湖岗林氏宗祠　年丰骆氏炮楼院
麟阁世居　　坪西八群堂　　　　西湖塘新围　　槐龙新居　上围世彩新居
东兴书室　洋浪世居　坪西萧宏隆宅　西湖塘萧氏宗祠　西湖塘王氏大宅
　　乌科龙园围　山塘尾萧氏宗祠　　西湖塘王氏宅　年丰邓氏宗祠
坪西萧氏围屋　金岭世居　　　　　　　四方埔萧氏园屋　年丰余氏园屋
　　　山塘尾萧氏围
　　　　　　　　　　　中心余氏园屋　　富乐老井

龙岗街道

瓦窑坑斗廊排屋
玉湖世居
得云炮楼院　玉湖炮楼院
协平北炮楼院　瓦窑坑炮楼院　祥光满室炮楼院
绣古石炮楼院　　　协平老屋　白沙水东炮楼院
协平南炮楼院　　七星世居　白沙水南炮楼院　白沙水西炮楼院
石溪西炮楼院　李屋老屋　务地埔老围　新联炮楼
对面岭老围　　龙西巫氏老围　石溪东炮楼院　新围世居
　　　陂头肚老围　田丰世居　　　仙人岭老围　刘氏宗祠
吓四炮楼院　楼吓南炮楼院　　梅岗世居　　　瑞艳南天炮楼院
上角环排屋　宫新合园屋　斗方梅岗世居　　大园老屋
上角环炮楼院　松元角老围　格水炮楼院　　璇庆新居
　　　松子岭老围　昇齐楼　石湖老屋　棠梓新居　沙背坜炮楼院　龙跃世居
　　　　振端堂　　秀旭辰恒园屋　桥背老围　环水楼
　　　　　　　鹤湖新居　　　龙岗新居　赤石岗炮楼院　吓坑围屋
　　　　　　　　　　　　　　　　赤石岗老围　兰水新居　吓坑黄氏宗祠
西埔新居　　　　　　　　　　　　　　　　　　　新布老围
　　　正埔岭　　　　新大坑
岗贝排屋　邱屋老围　大埔老围　阳和世居
　南联张氏宗祠　　　黄屋炮楼
南岳公祠　岗贝老屋　圳埔世居　大田世居
　　　太平炮楼院　　　　　　　　　　宝龙街道
　　　田寮炮楼
龙城街道　　　　　　张氏龙田世居

陈康适墨　　　　　　　云桥新居
龙口老屋　　　　联合黄氏宗祠　沙井世居　尚义旧家
荷坳炮楼　　　　　　炳坑世居

大福老围

园山街道
　　　大万围屋
盛世居　上中老屋　　大康福田世居
和悦老围　东升围屋　下中老屋　凤山围屋
横坑围屋　马五罗氏老围
南州世居
塘坑炮楼
堂

七村炮楼院

三村老围
西坑宝塔　　李家园
西坑围屋　屋角头围屋
西坑沙背坜炮楼院

杨槐庄墓葬群

图例

●　文物点
━━　龙岗区范围线
──　街道界线

主编单位：深圳市龙岗区文化广电旅游体育局
编制单位：深圳市勘察研究院有限公司
编制日期：2020年09月
审 图 号：粤S(2020)02-20
注：本图所绘行政界线不作为权属争议的依据。

目 录

前言 9

龙岗区历史沿革 14

公布文件 18

深圳市龙岗区不可移动文物名录表 24

省级文物保护单位

1.鹤湖新居 36

2.茂盛世居 37

市、县级文物保护单位

3.念妇贤医院 40

4.纪劬劳学校 41

5.甘坑炮楼院 42

6.观祥古寺 43

7.南岭围 44

8.南岭炮楼 45

9.俊千学校旧址 46

10.杨槐庄墓葬群 47

11.西坑宝塔 48

12.正埔岭 49

13.梅冈世居 50

14.陈康适墓 51

15.吉坑世居 52

16.岳湖岗林氏宗祠 53

17.曾鸿文炮楼 54

未定级不可移动文物

平湖街道

18.山厦炮楼 57

19.新围仔炮楼院 58

20.木古炮楼院 59

21.石井头炮楼 60

22.平湖大围 61

23.松柏围 62

24.永安门老围 63

25.大皇公老屋 64

26.前进炮楼院 65

27.鹅公岭大围 66

28.新围仔老围 67

29.新木老屋 68

30.上木古老围 69

31.白坭坑遗址 70

32.守真园 71

33.甘坑果场场部北遗址 72

34.甘坑果场场部东遗址 73

35.甘坑水库北岸窑址 74

36.甘坑水库宋代遗址 75

布吉街道

37.大芬老屋 77

38.南门墩老围 78

39.凌道扬宅 79

40.凌氏宗祠 80

41.布吉基督教堂 81

42.善集楼 82

43.李屋炮楼 83

44.天兴楼 84

45.布吉老圩 85

46.大芬炮楼院 86

47.大芬老围 87

吉华街道

48.祥瑞楼 89

49.上水径老屋 90

坂田街道

50.坂田老围 92

51.象角塘老围 93

52.就昌楼 94

53.杨美炮楼院 95

南湾街道

54.竹头吓炮楼院 97

55.田心围屋 98
56.大峯埔老屋 99
57.南岭炮楼院 100
58.樟树布炮楼 101
59.厦园炮楼 102
60.桂花学校旧址 103
61.丹竹头西炮楼院 104
62.丹竹头南炮楼院 105
63.上李朗炮楼院 106

横岗街道

64.和悦老围 108
65.塘坑围屋 109
66.塘坑炮楼 110
67.深坑炮楼院 111
68.南州世居 112
69.康福堂 113
70.龙塘炮楼院 114

园山街道

71.上中老屋 116
72.大康福田世居 117
73.下中老屋 118
74.大万围屋 119
75.七村炮楼院 120
76.三村老围 121
77.李家园 122
78.西坑沙背坜炮楼院 123
79.屋角头围屋 124
80.东升围屋 125
81.荷坳炮楼 126
82.龙口老屋（兰桂书室）.......... 127
83.大福老围 128
84.马五罗氏老围 129
85.凤山围屋 130
86.石肚龙遗址 131
87.雷公坑遗址 132

龙岗街道

88.秀挹辰恒围屋 134
89.圳埔世居 135

90.邱屋老屋 136
91.田丰世居 137
92.仙人岭老围 138
93.新围世居 139
94.低山刘氏宗祠 140
95.龙岗龙塘世居 141
96.石湖老屋 142
97.务地埔老围 143
98.玉湖世居 144
99.石溪东炮楼院 145
100.龙西巫氏老围 146
101.李屋老屋 147
102.瓦窑坑斗廊排屋 148
103.七星世居 149
104.协平老屋 150
105.朱古石炮楼院 151
106.陈铉公祠 152
107.南联张氏宗祠 153
108.格水炮楼院 154
109.斗方梅冈世居 155
110.陂头肚炮楼 156
111.玉湖炮楼院 157
112.祥光满室炮楼院 158
113.白沙水西炮楼院 159
114.白沙水东炮楼院 160
115.白沙水南炮楼院 161
116.新联炮楼 162
117.石溪西炮楼院 163
118.楼吓南炮楼院 164
119.对面岭老围 165
120.瓦窑坑炮楼院 166
121.得云炮楼院 167
122.协平北炮楼院 168
123.协平南炮楼院 169
124.龙山果场遗址 170

龙城街道

125.官新合围屋 172
126.松元角老围 173
127.松子岭老围 174
128.岗贝老屋 175

129.昇齐楼 176
130.振端堂 177
131.吓四炮楼院 178
132.上角环炮楼院 179
133.岗贝排屋 180
134.西埔新居 181
135.太平炮楼院 182
136.田寮炮楼 183
137.南岳公祠 184
138.蒲芦陂遗址 185

宝龙街道

139.张氏龙田世居 187
140.联和黄氏宗祠 188
141.沙井世居 189
142.炳坑世居 190
143.龙湖新居 191
144.大围老屋 192
145.瑞艳南天炮楼院 193
146.环水楼 194
147.赤石岗老围 195
148.新大坑 196
149.大田世居 197
150.棠梓新居 198
151.桥背老围 199
152.尚义旧家 200
153.阳和世居 201
154.吓坑围屋 202
155.云桥新居 203
156.璇庆新居 204
157.兰水新居 205
158.赤石岗炮楼院 206
159.大埔老围 207
160.沙背坜炮楼院 208
161.黄屋炮楼 209
162.同乐吓坑黄氏宗祠 210
163.龙跃世居 211
164.胡仕从夫妇合葬墓 212
165.南联村遗址 213

166.新布老围 214

坪地街道

167.年丰余氏围屋 216
168.年丰邓氏宗祠 217
169.中心余氏围屋 218
170.西湖塘新围 219
171.西湖塘老围 220
172.四方埔萧氏围屋 221
173.槐龙新居 222
174.西湖塘王氏大宅 223
175.西湖塘王氏宅 224
176.富乐老井 225
177.金岭世居 226
178.山塘尾萧氏围 227
179.山塘尾萧氏宗祠 228
180.坪西萧宏隆宅 229
181.坪西萧氏围屋 230
182.乌料龙萧氏围 231
183.泮浪世居 232
184.麟阁世居 233
185.东兴书室 234
186.新桥世居 235
187.香元世居 236
188.罗屋世居 237
189.六联香氏宗祠 238
190.瑞田世居 239
191.上围世彩新居 240
192.年丰骆氏炮楼院 241
193.坪西八群堂 242
194.坪西萧氏炮楼 243
195.香元萧氏炮楼院 244
196.六联萧氏炮楼 245
197.金鱼岭遗址 246
198.雷公塘遗址 247

龙岗区不可移动文物管理办法及配套文件 248
龙岗区文物保护工作大事记 266

前　言

一、龙岗区简介

龙岗区位于深圳市东北部，东邻坪山区，南连罗湖区、盐田区，西接龙华区，北靠惠州市、东莞市。陆域位置北纬 22.73°，东经 114.27°。辖区总面积 388.21 平方千米，下辖平湖、布吉、吉华、坂田、南湾、横岗、园山、龙岗、龙城、宝龙、坪地 11 个街道，111 个社区。

龙岗区地势西南高、东北低，地形属低山丘陵区。地处亚热带东部，属海洋性气候，天气温暖，年平均气温为 22.4℃。

龙岗区水系纵横，共有河流 62 条，河流总长 227.45 千米。其中流域面积大于 100 平方千米的河流仅龙岗河 1 条；流域面积 100 平方千米～50 平方千米的河流有丁山河、沙湾河、布吉河共 3 条；流域面积 50 平方千米～5 平方千米的河流有龙西河、回龙河等 22 条；流域面积小于 5 平方千米的河流有 36 条。共有中小型水库 44 宗，总库容 0.87 亿立方米，集雨面积 78.5 平方千米，其中中型水库 1 宗，小（1）型水库 15 宗，小（2）型水库 28 宗。

截至 2018 年 6 月 25 日，龙岗区人口约 484.9 万人，其中非深圳户籍人口 382.4 万人；深圳户籍人口 102.5 万人（户籍数据来源：龙岗公安分局）；深圳户籍人口中，龙岗户籍人口 75.5 万人；居住在龙岗的深圳其他区户籍人口 27.0 万人。

龙岗区原居住民系以客家人为主，本地方言以龙岗客家话为主。客家人迁入龙岗大概分为宋末元初、明朝时期、清康熙八年（1669 年）至鸦片战争前三个历史时期。其中以清朝"迁海""复界"后迁入的客家人为多，且此前迁入的因在本土生活多年，自认为"本地人"，"复界"后迁入的才称为"客家人"。龙岗客家人有自福建、江西直接迁入的，更多的是从广东梅江、东江流域迁入的。

二、龙岗区文物数量

2007 年，国务院下发《国务院关于开展第三次全国文物普查的通知》（国发〔2007〕9 号），第三次全国文物普查正式开展。2010 年 1 月，广东省第三次全国文物普查办公室对龙岗区进行了实地文物调查阶段的验收，验收合格。龙岗区（包括坪山区、大鹏新区）共登记不可移动文物 697 处，其中古遗址 47 处，古墓葬 30 处，古建筑 457 处，石窟寺及石刻 1 处，近现代重要史迹及代表性建筑 162 处。

2012 年，龙岗区政府《关于公布龙岗区第三次全国文物普查不可移动文物点的通知》（深龙府〔2012〕5 号）公布了不可移动文物 270 处，其中龙岗区（不含大鹏新区）不可移动文物为 222 处。2016 年 6 月，在业主申请及专家评审的基础上，龙岗区政府公布了第三批区级文物保护单位，共 8 处。受城市快速建设的影响，以及年久失修导致的损毁，截至 2022 年年初，龙岗区现存不可移动文物共 198 处。

龙岗区 198 处不可移动文物中，省级文物保护单位 2 处，区级文物保护单位 15 处，未定级不可移动文物 181 处。不可移动文物中，古遗址 12 处，古墓葬 3 处，古建筑 115 处，近现代代表性建筑 68 处。

三、龙岗区不可移动文物概览

龙岗区的地上文物多为明清至民国时期。总体看来，整个龙岗区的地上文物大部分为宅第民居，也有一定数量的宗教建筑、学校等公共建筑。其中宅第民居中大部分为客家建筑，也有部分属广府建筑。这与龙岗区大部分地区为客家人居住，讲客家话，以及西部及北部少部分地区为广府人居住，讲蛇话（广东白话的一种）的实际情况相符合。龙岗在历史上是移民城区，是古南越族文化与中原文化、海洋文化、西方文化等文化的交融和同化地区。在社会生活中，广府人、客家人和华侨等逐步创造出富有特色的民间艺术和民间风俗[1]。

（一）客家围屋

龙岗区现存客家围屋 60 座，其中保存完整的客家围屋为 26 座。龙岗客家围的建筑形式主要有围龙屋、围堡、排屋村三种形式，建筑要素包括了月池、禾坪、门楼、角楼、望楼、堂屋、祖公堂、横屋、花头、天街、水井等。其中围堡即城堡式客家围可谓集各地客家建筑之大成，并特别强化了防御功能，最具代表性。龙岗客家围是客家第四次大迁徙的产物，是继赣南土围子、闽西土楼、兴梅地区围龙屋、东江流域四角楼之外客家民居的又一具有地方特色的历史文化遗产。

龙岗客家围的主要特征是前有月池（半圆形池塘）和禾坪（晒谷场）。围楼前开有一大门、两小门，大门两侧为两层的倒座，其后是长条形的前天街。中轴线上置上、中、下"三堂"宗祠，"三堂"两侧为两横或四横屋，其后为长条形的后天街或半圆形的化胎，再为后围楼或围龙屋。围屋的四角建有角楼，大多为坡屋顶，有的在后围楼中间建有高大的望楼。一些大型围屋屋顶建有走马廊，可相通相连。客家围内部给水、排水设施齐全。客家围的墙体多采用土、砂、石灰混合的"三合土"夯筑而成，且多掺有糯米浆等黏合剂，墙体异常坚固。客家围建造时注重"天圆地方""阴阳合一"，与自然和谐的选址及建造方式。这是客家人在不断迁徙，并与自然、社会相处的过程中，为自我保护而聚族围居的产物。除了建筑形式和技术，外围屋内的堂联、壁画、灰塑和雕刻等，保存着以儒家思想为主的中原传统文化，是研究民族传统文化和客家社会历史与民俗风情的宝库，具有很高的历史、科学和艺术价值，是深圳历史文化的重要组成部分。典型的有省级文物保护单位鹤湖新居、茂盛世居，宝龙街道的大田世居、环水楼，龙岗街道的正埔岭等。

广客相融式围屋中一类以客家式的围楼为主，吸收了广府民居的一些元素。较为常见的是在客家围屋内，住房却由传统客家围的横屋变为排屋布局，龙城街道的西埔新居，即为此类的代表。

中西合璧式围屋也是客家围屋在龙岗的一大特色。晚清民国时期，龙岗有大量居民下南洋或赴港澳地区，现仍有大量的不可移动文物业主为华人华侨。华侨回乡营造建筑时，建筑总体布局仍采用客家围屋的模式，同时也采用了很多西化的建筑风格及装饰，吸纳了许多西方元素。中西合璧式的典型代表有宝龙街道的璇庆新居、坪地街道的坪西八群堂。

（二）广府围村

在龙岗区发现的广府围村数量相对较少，现存广府围村共 11 座，多位于平湖等西部街道。面

---

[1] 因当前深圳市文化遗产保护中心正在开展全市地下文物核查，部分遗址照片及地图信息将在再版时更新。

积较小的广府式传统民居发现数量也不多。

典型的广府围村，民居多用青砖垒筑，其前无月池与禾坪，宗祠偏在一隅或建在围外，中轴线的末端一般设神庙。围墙内是以巷道隔为若干横排，每一横排又分为若干单元。每一单元一般为二进一天井布局。正房一般为三开间的一层或二层，底层明间一般一隔为二，前为客堂，后为卧室或供祖神。如平湖街道的平湖大围、园山街道的西坑围屋即为典型的广府围村。

广府式祠堂多为单独建筑，三开间三进，少数五开间三进。大门口置有抱鼓石和塾台。建筑材料大多使用木料、青砖、红砂岩石条或花岗岩石条。建筑装饰有木雕、石雕和灰塑。典型代表有坪地街道岳湖岗林氏宗祠。

广客相融式中的一类以广府式民居为主，后由客家人居住适当改造的广府围村。表现为宗祠不在中轴线上，且围内多个宗祠，但前有禾坪和月池，如龙岗街道的陈铉公祠。广客混居的还有龙岗街道的圳埔世居、横岗街道的塘坑围屋等广府围村。

（三）炮楼院

具有本地传统特点的炮楼院也多有发现，炮楼因其建筑材料多为夯土，与开平碉楼等用水泥作为建筑材料的碉楼显著不同，所以采用本土的叫法，称其为"炮楼"。龙岗区的炮楼大多为天台方桶式，小部分为瓦坡顶式，且大多与拖屋组合为炮楼院。炮楼多是为了保卫小家族或本家庭而建。拖屋一种是与炮楼连为一体的排屋，一种是紧邻炮楼，外有围墙，两种均称为炮楼院。龙岗街道龙西、五联社区堪称广东省炮楼数量最密的街道，其炮楼形制多为天台方桶式。

（四）学校

古代书室、古代学校有力地见证了龙岗居民崇文重教的历史传统。客家人有着诗书礼仪传家的优秀传统，非常重视科举考试。在大型客家围屋前，大都有考取功名后竖立的旗杆石。如宝龙街道环水楼西侧设立有崇正学堂，为叶家培养出了三位岁贡生。较为知名的学校还有平湖街道由刘铸伯创立的纪劬劳学校、坪地街道的东兴学校、园山街道的兰桂书室等。

（五）宗教建筑

龙岗区现存的庙宇不多，这与本地更重视宗族文化，更重视祭拜祖先不无关系。较为著名的庙宇为南湾街道的观祥古寺，该寺占地面积388平方米，五开间二进二跨院落布局，前开三门，分别书观祥古寺（正堂，供奉佛像），文昌宫（右侧，供奉孔子），武帝宫（左侧，供奉真武大帝），为儒、释、道共用寺庙，极富特色。

龙岗区不仅是著名的侨乡，兴建了不少教堂。现存较为完整的是布吉基督教堂。布吉基督教堂原址为凌道扬家私产，因其父信奉基督教，将其宅地捐赠给瑞士巴色会，后改建为具有西洋风格的基督教堂。

（六）圩市

圩市是本地居地进行商业交易的集中场所，见证了本地的商业经济发展，现存较为完整的圩市有龙岗老圩和布吉老圩。

龙岗老圩位于龙岗街道，民国时期建筑，步行街、龙岗第一市场都在老圩周边，西南角有榕树头，原为惠阳、坪山、坪地等居民赶市集的地方。老圩整体由三条街道和六条巷道组成，故有"三街六巷"之称。三街六巷分别是"上街、下街、大新街、鸡仔巷、塘唇巷、横头巷、吓埔巷、担水巷、圩肚巷"。现结合旁边的客家围屋龙塘世居，在城市更新中对龙岗老圩历史街区进行了保留。

布吉老圩现存多为中华民国建筑，目前仍设有布吉老圩市场，多有商业店铺。老圩内现存炮楼六座，排屋由南至北依次排列。布吉基督教堂、凌道扬宅位于布吉老圩内。

（七）遗址

龙岗区遗址数量较少，主要集中在甘坑水库周边，在南联村遗址采集的一件石锛显示，至晚在新石器时代晚期，龙岗区已有人类活动。

四、龙岗区不可移动文物保护工作概况

近年来，龙岗区形成了制度建设、安全保障、提升等级、保护工程、活化利用"五位一体"的文物保护工作体系。

（一）统筹谋划，积极推进政府规范性文件出台

2015年龙岗区在全省率先出台了《龙岗区未定级不可移动文物管理办法（试行）》，及其配套文件《龙岗区未定级不可移动文物活化利用实施细则》《龙岗区未定级不可移动文物工作联席会议工作制度》《龙岗区未定级不可移动文物保护工程管理实施细则》《龙岗区不可移动文物保护与活化利用导则指引》《龙岗区未定级不可移动文物专家委员会工作制度》《龙岗区未定级不可移动文物专家委员会名单》等政策措施。

龙岗区政府于2018年4月24日正式印发施行了《深圳市龙岗区人民政府关于进一步加强文物工作的实施意见》。

2019年11月19日，龙岗区政府正式印发《龙岗区未定级不可移动文物管理办法（修订版）》（深龙府办规〔2019〕2号）。该办法获得深圳市文体旅游工作创新奖。此后，龙岗区文化广电旅游体育局印发了《龙岗区未定级不可移动文物合理利用实施细则》《龙岗区未定级不可移动文物工作联席会议工作制度》《龙岗区未定级不可移动文物保护工程管理实施细则》《龙岗区未定级不可移动文物专家委员会工作制度》《龙岗区未定级不可移动文物保护与合理利用专家委员会名单》。

（二）守住底线，文物安全工作常抓不懈

为严格落实"管行业必须管安全、管业务必须管安全、管生产经营必须管安全"的安全生产"一岗双责"的要求，龙岗区文物行政部门做了大量工作。

一是明确职责分工。全区已形成区文物行政部门、专业安全机构、各街道文体服务中心、文物巡查员四级巡查体系。2017年5月，龙岗区文体旅游局印发了《龙岗区不可移动文物安全工作职责分工》，确保各级文物工作部门或个人各司其职，文物安全工作有序开展。二是签订协议。为了有效落实文物巡查员体系，区文体旅游局均与街道及文物巡查员签订了《不可移动文物安全管理协议书》，确保巡查员工作到位，补贴到位。2017年，区文体旅游局与各文物保护单位所在的街道及业主签订了《文物保护单位保护责任书》，责任书有效期三年，确保文物保护责任落实到人。三是落实整改。对于安全检查中发现的问题，能处理的及时联系街道及相关负责人处理。不能及时处理的，形成整改通知书，及时下发街道，由街道责成第一责任人落实整改。对于难以解决的，与街道紧密联系，研究解决的方法，尽可能的排除隐患，保障安全。

（三）夯实基础，做好文物保护单位"四有"工作

龙岗区全面推进全区文保单位的"四有"工作（保护范围、记录档案、标志说明和保护机构），保障区级文物保护单位的安全。2017年11月15日，龙岗区政府正式公布了八处区级文物保护单位区划图（深龙府〔2017〕35号）。龙岗区成为在第三次全国文物普查后，全市第一个全部划定建筑类文物保护单位保护范围及建设控制地带的区。在公布区划图的基础上，龙岗区还在新公布区级文物保护单位前竖立了保护标志碑，让更多人了解文物保护单位的情况。

（四）大力投入，积极推进文物保护修缮及抢险加固工程

2009 年 12 月，深圳市龙岗区龙岗街道作为建设单位开展了省级文物保护单位鹤湖新居一期修缮工程。2016 年 6 月，深圳市龙岗区横岗街道作为建设单位开展了省级文物保护单位茂盛世居客家围屋保护工程，并于 2018 年由省文物局组织专家正式竣工验收。

2015 年，"龙岗区不可移动文物抢险加固修缮工程"项目由区发改部门立项，整体匡算 6000 万元，共纳入了 15 处不可移动文物。其中，大田世居整体修缮工程于 2018 年 8 月开工，并于 2019 年完成初步验收；兰桂书室修缮工程于 2019 年 5 月开工，并于 11 月完成初步验收；吉坑世居整体修缮工程于 2019 年 8 月开工；南岭炮楼、俊千学校修缮工程于 2019 年 12 月开工；开展另有 6 处不可移动文物的勘察设计方案通过了专家评审。

2016 年 12 月，龙岗区立项了龙岗区不可移动文物中重点客家古民居保护修缮项目，总投资匡算 8.6 亿。2017 年通过公开招标，启动了编制可行性研究报告的工作。

龙岗区已立项的文物保护工程总投资已超过 10 亿元，充分体现了龙岗区对文物保护工作的高度重视。这些修缮好的不可移动文物，将作为活化利用项目向社会推出，最大限度地发挥其应有的中国特色社会主义文化教育功能，发挥政府投资应有的社会效益。

（五）探索创新，积极推进保护中的活化利用工作

龙岗区率先出台的文物活化利用政策，得到了省、市领导的多次好评。龙岗区坚持在政策规范下探索创新，龙岗依托《龙岗区未定级不可移动文物合理利用实施细则》，将活化利用类型分为"政府主导型""城市更新型"和"自主利用型"。

"政府主导型"是指由政府全额投资开展文物整体修缮工程的文物建筑的合理利用。在文物合理利用发挥社会效益的前提下，由产权人承诺让渡使用权，由街道出面对文物进行统租，再通过公开招选及评定选定运营商，实现产权与使用权、运营权的分离。要求公益类用途区域所占比例不得低于文物总建筑面积的 50%，突出项目的公益属性。

"城市更新型"是指在城市更新中，城市更新部门采纳文物部门的意见，并将保护意见列入城市更新强制要求。城市更新项目实施主体作为保留的未定级不可移动文物合理利用的主体单位，片区城市更新与文物保护及利用捆绑实施。具体做法是，更新主体正常征收文物建筑，并将文物建筑产权移交政府，同时承担文物建筑的修缮及合理利用责任，在专项规划阶段给予更新主体适当的容积转移与容积奖励。

"自主利用型"是指尚未列入城市更新计划单元的未定级文物建筑，由产权人自行或与第三方单位合作，在未定级文物建筑所在街道办事处的指导下申请进行的合理利用项目。项目以市场为主导，确保项目的财务可行性，实现其可持续发展，对其公益类用途空间比例不做要求。根据已批准项目运营方案中的政策扶持和资助需求，由项目运营单位承担文物整体修缮、环境整治以及合理利用的责任及费用。项目在竣工验收及审计之后，可补贴文物整体修缮总投资的 30%。

参考文献：

［1］深圳市文物管理委员会，《深圳文物志》，文物出版社，2005 年。

［2］深圳市龙岗区文体旅游局，《龙岗记忆——深圳东北地区炮楼建筑调查》，文物出版社，2011 年。

［3］深圳市龙岗区文体旅游局，《深圳东北地区围屋建筑研究》，文物出版社，2014 年。

［4］杨耀林、黄崇岳，《南粤客家围》，文物出版社，2000 年。

［5］龙岗区人民政府办公室，《关于印发〈龙岗区未定级不可移动文物管理办法（修订版）〉的通知（深龙府办规〔2019〕2 号）》，龙岗区府办，2019 年。

［6］深圳市龙岗区人民政府，《关于进一步加强龙岗区文物工作的实施意见（深龙府函〔2018〕237 号）》，龙岗区府办，2018 年。

龙岗区历史沿革

龙岗历史文化悠久、源远流长。早在新石器时代，就有先民在这块美丽的土地上繁衍生息。夏、商、周时期，南越族已聚居活动在这一带山水之间。

公元前214年，秦经过五年征伐，在开凿灵渠后终于把岭南的广大地区正式地划入了中原王朝的版图。秦在岭南设立桂林、南海、象三郡。南海郡下设博罗、龙川、番禺、四会四县，龙岗区属于南海郡番禺县管辖。

公元前208年，时任南海郡尉的赵佗在农民战争中将南海郡封关绝道。赵佗于公元前205年兼并桂林、象郡，从而统一了岭南地区。之后建立了南越国，定都番禺。南越国自公元前204年建立至公元前111年汉武帝平南越，历赵佗、赵昧、赵婴齐、赵兴、赵建德五代，至吕嘉之乱灭国，共93年。南越国是岭南文明的奠基时期，使岭南社会形态从原始社会的分散部落统治，一跃跨入有序发展的封建社会。

汉武帝灭南越国后，分其地为南海、苍梧、郁林、合浦、交趾、九真、日南、珠崖、儋耳九郡。汉代的南海郡下属有六个县，即番禺、博罗、中宿、龙川、四会、揭阳。龙岗大部分地区属于博罗县。

在秦汉时期，大批汉人南迁进入岭南地区，古越族迅速汉化，加快了岭南地区的文明进程。

孙吴政权占领岭南后，于黄武五年（226年）到黄武八年（229年）间，在番禺东北部的增江旁边增设了一个新郡——东莞郡，同时也设置了增城县，这时深圳地区属东莞郡博罗县。公元280年，吴国灭亡，东莞郡被撤废。

东晋成帝在咸和六年（331年）把南海郡再分为四个郡，深圳市即属于东官郡管辖，郡治设在同时设立的宝安县城中。这也可以说是深圳城市建设历史的开始。

深圳地区早在西汉时期就有番禺盐官的管理机构，在三国吴时又设置了司盐都尉的官署，盐业生产已经有了相当规模。到唐代，这里的盐业生产仍然有着不可替代的重要地位。

南朝开始，龙岗地区则分属东莞郡宝安县和梁化郡欣乐县管辖。

唐以后龙岗地区一部分属东莞县管辖，一部分属归善县管辖。

五代十国时期，岭南清海、静海两军节度使刘岩于后梁贞明三年（917年）自立，自称"大越国"，史称"南汉"。南汉共历四帝，享国54年。首府设在广州，将广州改名为兴王府，龙岗地区属兴王府直接管辖。

北宋初年在深圳地区开设了东莞盐场和归德栅、黄田栅两座盐栅。其后两座盐栅均升级为盐场。北宋末年到南宋初年，这里又增设了迭福盐场（今作"叠福"），位于今大鹏新区。

明洪武二十七年（1394年），广州左卫千户张斌奉派到大鹏岭下修筑千户所城，始在今南澳街道新屋社区旁筑城，后突然停工，改选乌涌村旁（即今大鹏所城）重新开筑。

明万历元年（1573年），新安县正式设立，新安县境包括现在大鹏新区，龙岗区的大部分属归善县管辖。

为消灭郑成功的抗清力量，清康熙元年（1662 年），广东沿海立界迁海，"令滨海民悉徙内地五十里"。不久，清政府认为迁移还不彻底，没能有效地打击郑成功及海盗，因而在康熙三年（1664年）再次内迁。经过两次内迁，新安县被划到界外的土地占十之八九，清政府最终不得不撤掉新安县的建制，而把新安县剩余的少量土地及人民划入东莞县管辖。康熙八年（1669 年）清政府决定迁海的部分地区复界，新安县得以恢复建制。复界后迁回的原住民较少，而客家人、潮汕人等较多，在雍正初年，形成了一次移民高潮。

据清康熙十四年（1675 年）和乾隆四十八年（1783 年）的《归善县志》记载，今龙岗部分地区属归善县上下淮都（基层行政区划单位，略等于今天的"乡"），有 4 个"图"（基层行政区划单位，略等于今天的"行政村"），分别为一、三、四、五图，主要村庄有何村、黄洞、丹竹洋、椽洞、沙澳等。

据清康熙二十七年（1688 年）《新安县志》载，明末，新安县分 3 乡 7 都 57 图 509 村，其中归城乡七都辖深圳、莆隔、平湖、葵涌、大鹏一带。清嘉庆二十四年（1819 年）《新安县志》载，新安县的乡村分别由县丞、典史和巡检司管理。莆隔、草莆仔、南岭仔和平湖等属官富司巡检；葵涌、王母峒、大鹏、南澳和龙岐等属县丞管理，且已形成了王母峒圩和葵涌圩。

清同治九年（1870 年），龙岗有了明确的建制——龙岗约堡。这是龙岗历史沿革中最早的记录。归善县的乡村也是分别属县丞、典史和巡检司管理，其中龙岗约堡属碧甲司巡检（驻淡水）管理。龙岗约堡下辖 8 个村：荷坳、龙岗、坪山、坪地、椽洞、土湖、亲睦、塘尾。当时经济比较繁荣，已形成了龙岗圩和坪山圩。

1912 年中华民国成立，新安县属于广东省直辖。1914 年 1 月，全国行政区域整编，新安县因为与河南省新安县同名，又恢复了东晋时期设置的宝安县名，县治南头，隶属不变。今布吉、坂田、南湾、平湖、葵涌、大鹏、南澳一带，归宝安县管辖。民国 13～21 年（1924～1932 年）实行区、镇、乡建制，宝安县划分为 7 个区、99 个乡、3 个镇。其中第三区辖布吉乡、沙湾乡等，第六区辖平湖乡等，第七区辖葵涌、大鹏一带。民国 22 年（1933 年）宝安县调整为 5 个区、37 个乡、3 个镇。其中第三区辖布吉乡等，第四区辖平湖乡等，第五区辖王母乡、鹏一乡、南平乡、葵华乡、沙溪乡和东和乡（今沙头角），即今沙头角至大鹏、南澳一带。民国 26 年（1937 年）宝安县裁撤合并为3 个区，乡镇维持原状，三区建制一直延续到新中国成立前。

民国以后，归善县改为惠阳县，划分警察区署管理。第二警察区署驻淡水，分管碧甲、龙岗、坪山三个警察分所。民国 20 年（1931 年）8 月，惠阳开始划分区乡镇管理，全县共 14 个区、384 个乡、32 个镇。其中淡水第二区辖淡水一、二、三、四、五、六镇及坪山中乡、坪山东乡、坪山西乡等67 个乡。龙岗第八区辖龙岗镇、坪山镇及横岗、西坑、盛平、南约、荷坳等 64 乡。

民国 26 年（1937 年）9 月，惠阳县裁撤区公所，实行区署制。原淡水第二区与龙岗第八区合并为惠阳县政府第二区署（驻淡水），下辖 22 个乡镇，有龙岗镇、坑梓乡、坪山乡、长横乡等。民国 36 年（1947 年），行政院规定撤销县以下区署，复设区公所，缩并乡镇。惠阳全县设 6 区 54乡镇。其中第二区公所辖 12 个乡镇，有龙岗镇、坑梓乡、坪山乡、南强乡（后改横岗乡）等。

中华人民共和国成立后，1949 年 10 月，惠阳县与惠东县合并，恢复惠阳县，正式接管宝安县的第三区。惠阳县有 9 区、1 镇，其中龙岗区（二区）下辖 7 乡，有龙岗、坪地、坪山、坑梓、南强、约场、新圩乡，而南强（横岗）以前 5 个乡属今龙岗范围。大鹏区（四区）下辖 6 个乡，有东平、南平、桂岗、葵沙、鹏一、王母乡，均属今龙岗区。解放初龙岗区（二区）和大鹏区（四区）的绝大部分，今龙岗区的中部和东部，均属惠阳县，只有今布吉（含南湾、坂田）、平湖属宝安县。

1951年11月，惠阳县划分小区小乡，惠阳县的三（龙岗）、四（坪山）和七（王母）区，除个别乡村外，绝大部分均属今龙岗区和坪山区范围。1957年12月，惠阳县开始撤区并大乡。其中有龙岗、横岗、坪山、大鹏、葵沙和南平等6个乡属今龙岗区、坪山区、大鹏新区范围。

1950年4月，布吉乡和平湖乡当时归宝安县第三区管辖。1952年10月，宝安县撤大乡划小乡，布吉乡属第二区，平湖乡属第三区，沙湾乡属第六区。1953年7月，宝安县增划一个区，即第八区（驻布吉），由8个乡组成。其中有布吉乡、平湖乡和沙湾乡。1955年第八区更名为布吉区。1956年10月经调整后布吉区仍下辖3个乡，即布吉乡、沙湾乡和平湖乡。1958年3月，宝安县撤乡并乡，布吉乡下辖布吉、岗坂、沙湾、沙东、沙西村；平湖乡下辖平湖、山下、新埔、白鹅、李木村；沙湾乡被撤销。1958年10月，宝安县实行人民公社建制，全县跨乡建立6个人民公社，原布吉乡、平湖乡属红旗人民公社。

1958年11月，惠阳县划出坪山、大鹏和龙岗3个公社（20个生产管理区）归宝安县管辖。至此，历史上原属宝安县（新安县）的今葵涌、大鹏、南澳一带被惠阳县接管8年后，又回到宝安县。还将历史上一直属于归善县（惠阳县）的今龙岗、横岗、坪地、坑梓、坪山一带划归宝安县。再加上一直属宝安县的布吉、平湖，就奠定了今深圳东北部地区的区划建制基础。

1963年1月，撤区并社，宝安全县缩编为17个公社。

1966年5月，坪山公社并入龙岗公社。

1976年12月，分别从布吉、龙岗分出平湖、坪山两个公社。

1978年4月～1979年3月，全县分21个公社、2个镇、207个生产大队。其中布吉、平湖、横岗、龙岗、坪地、坪山、葵涌和大鹏8个公社属今龙岗区、坪山区和大鹏新区范围。

1979年3月，宝安县改为深圳市，历史进入一个新的时期。1980年8月26日，深圳、沙头角2个镇和附城、盐田、南头、蛇口4个公社被划为深圳经济特区。

1981年10月，恢复宝安县建制，归深圳市管辖，下辖深圳经济特区外的原宝安县地区，共划16个公社、1个畜牧场。

1983年7月，宝安县撤销了人民公社建制。改人民公社为区，大队为乡，设区公所和乡人民政府。1984年2月，全县划分为16个区、136个乡、6个乡级镇和1个畜牧场。其中布吉区8个乡、平湖区7个乡、横岗区9个乡、龙岗区10个乡、坪地区5个乡、坪山区16个乡、葵涌5个乡、大鹏区10乡1镇。

1986年10月宝安县改区乡建制为镇、村建制，成立镇人民政府和村民委员会。南澳镇从大鹏分出，坑梓镇从坪山分出。

20世纪90年代，随着农村城市化的深入发展，1993年1月1日，宝安县撤县建立由深圳市直辖的两个区——宝安区、龙岗区。龙岗区辖10个镇：平湖、布吉（包括坂田和南湾）、横岗、龙岗、坪山、坪地、坑梓、葵涌、大鹏、南澳镇。宝安区和龙岗区的建立，标志着深圳市特区以北广大地区的社会发展踏上新台阶。

1994年，深圳市开始筹建大工业区。1997年大工业区正式动工建设，用地范围包括在坪山镇和坑梓镇的部分用地共38平方千米，设大工业区管理委员会实施管理。

2004年，为全面推进农村城市化，深圳撤镇设街道办事处。全区共有平湖、布吉、南湾、坂田、横岗、龙城、龙岗、坪山、坪地、坑梓、葵涌、大鹏、南澳等13个街道办事处。

2009年6月30日，深圳市委市政府为推进以大工业区为中心的东部片区统筹发展，促进全市区域协调发展，全面提升城市化水平，将原深圳市大工业区和原龙岗区坪山街道、坑梓街道，整合为坪山新区，设坪山新区管理委员会，原大工业区管委会同时撤销。至此，深圳东北部地区分为龙岗区和坪山新区。

为进一步提高深圳经济特区改革创新和科学发展能力，扎实推进深圳市综合配套改革试验，尽快解决特区内外发展不平衡、特区发展空间局限和"一市两法"等问题，中央决定将深圳经济特区范围扩大到深圳全市，自 2010 年 7 月 1 日起，将宝安、龙岗两区纳入深圳经济特区范围。

2011 年 12 月 30 日，大鹏新区正式揭牌成立，包括原龙岗区大鹏、葵涌、南澳三个街道。

2016 年 9 月，中华人民共和国国务院批复同意设立深圳市坪山区，坪山正式成为隶属于深圳市的行政区。2017 年 1 月 7 日，深圳市坪山区正式挂牌成立。

2016 年 12 月，龙岗区增设 3 个街道，现辖平湖、坂田、布吉、南湾、横岗、龙城、龙岗、坪地、吉华、园山、宝龙 11 个街道，111 个社区。

参考文献：

[1] 张一兵：《深圳古代简史》，文物出版社，1997 年。
[2] 杨耀林：《深圳近代简史》，文物出版社，1997 年。
[3] 张一兵 校点：《深圳旧志三种》，海天出版社，2006 年。
[4] （清）屈大均：《广东新语》卷二，中华书局，1985 年。

公布文件

关于公布龙岗区第一批重点文物保护单位的通知

深龙府〔2001〕30号

各镇人民政府，区府属有关单位：

为了更好地保护文物，继承历史文化遗产，以便申报市级、省级和国家级文物保护单位，经研究，决定将钟氏宅第等12处古迹列为"龙岗区第一批重点文物保护单位"，并予以公布。望各有关单位认真贯彻《中华人民共和国文物保护法》的规定，落实市政府关于做好文物保护工作的有关通知精神，对我区这批有历史意义的文物保护单位，划出保护范围，树立说明标志，建立科学的记录资料。任何单位和个人未经文物主管部门的许可，不得随意拆迁或毁坏文物古迹。文物保护单位辖区的行政主管部门，负有管理和保护的责任。

特此通知。

附：龙岗区第一批重点文物保护单位名单

二〇〇一年六月七日

附件：

龙岗区第一批重点文物保护单位名单

编号	名称	时代	类型	地址
1	钟氏宅第	清	古建筑—宗教建筑	大鹏镇王铜山村
2	茂盛世居	清	古建筑—民居—围屋	横岗镇茂盛村
3	龙田世居围	清	古建筑—民居—围屋	坑梓镇田段心村
4	念妇贤医院	民国	近现代建筑—医疗设施	平湖镇圩内
5	纪劬劳学校	民国	近现代建筑—教育设施	平湖镇圩内
6	兰著学校旧址	民国	近现代建筑—教育设施	龙岗镇回龙埔村
7	曾生故居	清	古建筑—民居	坪山镇石灰陂
8	乐育神学院旧址	清	古建筑—宗教建筑	布吉镇李朗村
9	观祥古寺旧址	清	古建筑—宗教建筑—革命旧址	布吉镇沙湾村
10	清标彤管牌坊	清	古建筑—石牌坊	大鹏镇水贝村
11	洪围	清	古建筑—民居—围屋	坑梓镇田西坑村
12	新乔世居	清	古建筑—民居—围屋	坑梓镇田新乔围村

关于公布龙岗区第二批重点文物保护单位的通知

深龙府〔2006〕74号

各街道办事处、区府属各单位、驻龙岗处以上单位：

为进一步加强对文化遗产的保护，经研究，区政府决定将咸头岭遗址等8处文物点列为龙岗区第二批重点文物保护单位，并予以公布。

建区以来，区政府高度重视文化遗产保护工作，并取得了显著的成绩。经逐年保护申报，目前我区已有国家重点文物保护单位1处，省级重点文物保护单位5处，市级重点文物保护单位10处，区级重点文物保护单位17处（含第二批），其他地上地下文物古迹400余处。我区已成为深圳市名副其实的文物大区。

各有关单位要认真贯彻《中华人民共和国文物保护法》，按照市、区政府关于做好文物保护工作的要求，对我区第二批重点文物保护单位，划出保护范围，树立保护标志，建立科学的记录档案。任何单位和个人未经文物主管部门许可，不得随意拆迁或毁坏文物。文物保护单位辖区的行政主管部门，要切实负起管理和保护的责任。

附件：龙岗区第二批重点文物保护单位名单

二〇〇六年七月十四日

序号	名称	地点	级别	保护范围	建设控制地带
02	曾氏大宗祠	宝安区沙井街道新桥村	省保	自曾氏大宗祠建筑外墙向东北延伸 2 米、西南 5 米、东南 30 米，西北至巷道的另一侧。面积：3038.88 平方米。	自保护范围向东北延伸 20 米，西南 26 米，东南 50 米，西北 35 米，其中西北侧根据规划道路红线，建设控制地带的范围有所调整。面积：9152.81 平方米。
03	鹤湖新居	龙岗区龙岗街道罗瑞合村	省保	自围屋外墙（包括风水池、禾坪）向四周各延伸 30 米。面积：39917.65 平方米。	自保护范围向四周各延伸 70 米，根据现状建筑、道路边界，建设控制地带的范围有所调整。面积：75219.10 平方米。
04	大万世居	龙岗区坪山街道大万村	省保	大万世居保护范围包括两部分，其中客家围的保护范围自围屋外墙（包括风水池、禾坪）向四周各延伸 30 米；沙墩陂保护范围向东、西、北各延伸 10 米，向南延伸 60 米。面积：41597.77 平方米。	围屋的建设控制地带自保护范围向四周各延伸 70 米，沙墩陂的建设控制地带自保护范围向四周各延伸 30 米，根据现状建筑布局、规划道路，建设控制地带的范围有所调整。面积：84507.60 平方米。
05	龙田世居	宝安区坑梓街道田段心村	省保	自现状围墙向四周各延伸 30 米。面积：34052.77 平方米。	自保护范围向四周各延伸 70 米。面积：66589.62 平方米。
06	茂盛世居	龙岗区横岗街道茂盛村	省保	自围屋外墙（包括风水池、禾坪）向四周各延伸 30 米，向东延伸至茂盛公园东侧。面积：31700.42 平方米。	自保护范围向四周各延伸 70 米，根据现状建筑布局、规划道路，建设控制地带的范围有所调整。面积：64384.41 平方米。
07	黄默堂墓	莲花山西北坡半山腰	省保	自墓道、墓包向四周各延伸 15 米。面积：2044.94 平方米。	自保护范围向四周各延伸 40 米。面积：13806.31 平方米。
08	中英街界碑	盐田区沙头角	省保	以界碑中心点连线为基准线，向中国大陆方延伸 30 米，根据现状建筑布局和规划道路，保护范围的界线有所调整。面积：17744.44 平方米。	自保护范围向中国大陆方延伸 40 米。根据现状建筑布局和规划道路，建设控制地带的范围有所调整。面积：20761.02 平方米。
09	东纵司令部旧址	龙岗区葵浦村土洋村	省保	自旧址现状围墙向四周各延伸 20 米。面积：11816.71 平方米。	自保护范围向四周各延伸 30 米，根据现状建筑、河道边界，建设控制地带的范围有所调整。面积：18932.36 平方米。
10	元勋旧址	罗湖区笋岗街道岗街村	省保	自文物外围外墙向四周各延伸 30 米。面积：15674.59 平方米。	自保护范围向四周各延伸 70 米。面积：54918.02 平方米。

深圳市龙岗区人民政府关于公布八处区级文物保护单位区划图的通知

深龙府〔2017〕35 号

区文体旅游局、区城市更新局，龙岗规划国土管理局，南湾、龙岗、坪地、吉华、园山街道办：

为进一步加强对文化遗产的保护，根据《中华人民共和国文物保护法》第十五条规定，现将区级文物保护单位南湾街道南岭炮楼、南岭围、俊千学校旧址，龙岗街道正埔岭、梅冈世居，坪地街道岳湖岗林氏宗祠，吉华街道甘坑炮楼院，园山街道西坑宝塔保护区划图予以公布。

请有关单位按照文物相关法律法规要求，做好文物保护单位保护范围内的保护措施及建设控制地带内的控制要求，切实做好我区文化遗产的保护工作。

附件：八处区级文物保护单位区划图

深圳市龙岗区人民政府

2017 年 11 月 13 日

深圳市龙岗区不可移动文物名录表

序号	名称	年代	保护级别	地址	备注
省级文物保护单位					2 处
1	鹤湖新居	清嘉庆二十二年（1817 年）	省级文物保护单位	广东省深圳市龙岗区龙岗街道南联社区罗瑞合北街 1 号	
2	茂盛世居	清	省级文物保护单位	广东省深圳市龙岗区横岗街道四联社区茂盛村	
区级文物保护单位					15 处
3	念妇贤医院	中华民国四年（1915 年）	区级文物保护单位	广东省深圳市龙岗区平湖街道新南社区述昌路 7 号	
4	纪劬劳学校	中华民国四年（1915 年）	区级文物保护单位	广东省深圳市龙岗区平湖街道新南社区老街	
5	甘坑炮楼院	中华民国	区级文物保护单位	广东省深圳市龙岗区吉华街道甘坑社区彭屋村	
6	观祥古寺	清咸丰六年（1856 年）	区级文物保护单位	广东省深圳市龙岗区南湾街道厦村社区	
7	南岭围	清末	区级文物保护单位	广东省深圳市龙岗区南湾街道南岭社区	
8	南岭炮楼	中华民国十八年（1929 年）	区级文物保护单位	广东省深圳市龙岗区南湾街道南岭社区南岭路 33 号	
9	俊千学校旧址	中华民国十六年（1927 年）	区级文物保护单位	广东省深圳市龙岗区南湾街道南岭社区	
10	杨槐庄墓葬群	明	区级文物保护单位	广东省深圳市龙岗区园山街道西坑社区梧岗围南老虎坳山	
11	西坑宝塔	1980 年	区级文物保护单位	广东省深圳市龙岗区园山街道西坑社区	
12	正埔岭	清嘉庆八年（1803 年）	区级文物保护单位	广东省深圳市龙岗区龙岗街道南联社区向前村	
13	梅冈世居	清	区级文物保护单位	广东省深圳市龙岗区龙岗街道龙岗社区梅岗锦安老屋村	
14	陈康适墓	宋	区级文物保护单位	广东省深圳市龙岗区龙城街道龙红格社区	
15	吉坑世居	清道光甲申年（1824 年）	区级文物保护单位	广东省深圳市龙岗区坪地街道六联社区吉坑居民小组	
16	岳湖岗林氏宗祠	清	区级文物保护单位	广东省深圳市龙岗区坪地街道中心社区岳湖岗居民小组	
17	曾鸿文炮楼	中华民国	区级文物保护单位	广东省深圳市龙岗区坂田街道新雪社区上雪居民小组	
未定级不可移动文物					181 处
平湖街道					19 处
18	山厦炮楼	中华民国	未定	广东省深圳市龙岗区平湖街道山厦社区	

序号	名称	年代	保护级别	地址	备注
19	新围仔炮楼院	中华民国	未定	广东省深圳市龙岗区平湖街道新木社区新围仔村	
20	木古炮楼院	中华民国	未定	广东省深圳市龙岗区平湖街道新木社区木古老村	
21	石井头炮楼	中华民国	未定	广东省深圳市龙岗区平湖街道平湖社区石井头村	
22	平湖大围	清	未定	广东省深圳市龙岗区平湖街道平湖社区松柏村	
23	松柏围	清末	未定	广东省深圳市龙岗区平湖街道平湖社区松柏村	
24	永安门老围	清末	未定	广东省深圳市龙岗区平湖街道新南社区力元吓村	
25	大皇公老屋	清末	未定	广东省深圳市龙岗区平湖街道良安田社区大皇公村	
26	前进炮楼院	清末	未定	广东省深圳市龙岗区平湖街道凤凰社区前进村	
27	鹅公岭大围	清	未定	广东省深圳市龙岗区平湖街道鹅公岭社区	
28	新围仔老围	明代	未定	广东省深圳市龙岗区平湖街道新围仔村	
29	新木老屋	清末	未定	广东省深圳市龙岗区平湖街道新木社区老村	
30	上木古老围	清	未定	广东省深圳市龙岗区平湖街道上木古社区甘坑水库西北角	
31	白坭坑遗址	东周	未定	广东省深圳市龙岗区平湖街道白坭坑社区白坭坑村东北面	
32	守真园	1910～1913年	未定	广东省深圳市龙岗区平湖街道凤凰大道凤凰山国家矿石公园	
33	甘坑果场场部北遗址	东周	未定	广东省深圳市龙岗区平湖街道上木古社区甘坑水库西北角	
34	甘坑果场场部东遗址	东周	未定	广东省深圳市龙岗区平湖街道上木古社区甘坑水库	
35	甘坑水库北岸窑址	东周	未定	广东省深圳市龙岗区平湖街道上木古社区甘坑水库北岸中部山丘	
36	甘坑水库宋代遗址	宋	未定	广东省深圳市龙岗区平湖街道上木古社区甘坑水库西北角	
	布吉街道				11处
37	大芬老屋	清末	未定	广东省深圳市龙岗区布吉街道大芬社区大芬村	
38	南门墩老围	清末	未定	广东省深圳市龙岗区布吉街道南三社区南门墩上村	

序号	名称	年代	保护级别	地址	备注
39	凌道扬宅	清	未定	广东省深圳市龙岗区布吉街道布吉墟社区老墟村	
40	凌氏宗祠	清	未定	广东省深圳市龙岗区布吉街道布吉墟社区西门街	
41	布吉基督教堂	中华民国	未定	广东省深圳市龙岗区布吉街道布吉墟社区老圩村布吉街 11 号	
42	善集楼	中华民国	未定	广东省深圳市龙岗区布吉街道布吉社区李屋村西区 13 号	
43	李屋炮楼	中华民国	未定	广东省深圳市龙岗区布吉街道布吉社区李屋村	
44	天兴楼	中华民国	未定	广东省深圳市龙岗区布吉街道布吉社区何屋村	
45	布吉老圩	中华民国	未定	广东省深圳市龙岗区布吉街道布吉墟社区老圩村	
46	大芬炮楼院	中华民国	未定	广东省深圳市龙岗区布吉街道大芬社区大芬村 47 号	
47	大芬老围	中华民国	未定	广东省深圳市龙岗区布吉街道大芬社区大芬村东七巷	
吉华街道					2 处
48	祥瑞楼	中华民国	未定	广东省深圳市龙岗区吉华街道水径社区石龙坑村	
49	上水径老屋	清末	未定	广东省深圳市龙岗区吉华街道水径社区上水径老围村	
坂田街道					4 处
50	坂田老围	清末	未定	广东省深圳市龙岗区坂田街道坂田社区坂田村	
51	象角塘老围	清末	未定	广东省深圳市龙岗区坂田街道雪象社区象角塘村	
52	就昌楼	清末	未定	广东省深圳市龙岗区坂田街道坂田社区	
53	杨美炮楼院	中华民国	未定	广东省深圳市龙岗区坂田街道杨美社区	
南湾街道					10 处
54	竹头吓炮楼院	清末	未定	广东省深圳市龙岗区南湾街道丹竹头社区	
55	田心围屋	清末	未定	广东省深圳市龙岗区南湾街道上李朗社区田心围	
56	大崀埔老屋	清末	未定	广东省深圳市龙岗区南湾街道上李朗社区大斜埔村	
57	南岭炮楼院	中华民国	未定	广东省深圳市龙岗区南湾街道南岭社区	

续表

序号	名称	年代	保护级别	地址	备注
58	樟树布炮楼	中华民国	未定	广东省深圳市龙岗区南湾街道樟树布社区	
59	厦园炮楼	中华民国	未定	广东省深圳市龙岗区南湾街道厦村社区	
60	桂花学校旧址	中华民国	未定	广东省深圳市龙岗区南湾街道厦村社区	
61	丹竹头西炮楼院	中华民国	未定	广东省深圳市龙岗区南湾街道丹竹头社区	
62	丹竹头南炮楼院	中华民国	未定	广东省深圳市龙岗区南湾街道丹竹头社区	
63	上李朗炮楼院	中华民国	未定	广东省深圳市龙岗区南湾街道上李朗社区	
横岗街道					7处
64	和悦老围	清	未定	广东省深圳市龙岗区横岗街道横岗社区和悦村	
65	塘坑围屋	清	未定	广东省深圳市龙岗区横岗街道六约社区塘坑村	
66	塘坑炮楼	清末	未定	广东省深圳市龙岗区横岗街道六约社区塘坑村	
67	深坑炮楼院	清末	未定	广东省深圳市龙岗区横岗街道六约社区深坑村	
68	南州世居	中华民国	未定	广东省深圳市龙岗区横岗街道横岗社区南塘村	
69	康福堂	中华民国	未定	广东省深圳市龙岗区横岗街道六约社区塘坑村	
70	龙塘炮楼院	中华民国	未定	广东省深圳市龙岗区横岗街道六约社区龙塘村	
园山街道					17处
71	上中老屋	清	未定	广东省深圳市龙岗区园山街道大康社区上中村	
72	大康福田世居	清	未定	广东省深圳市龙岗区园山街道大康社区福田村	
73	下中老屋	清	未定	广东省深圳市龙岗区园山街道大康社区下中村	
74	大万围屋	清	未定	广东省深圳市龙岗区园山街道大康社区大万村	
75	七村炮楼院	清末	未定	广东省深圳市龙岗区园山街道安良社区七村	
76	三村老围	清末	未定	广东省深圳市龙岗区园山街道西坑社区三村	
77	李家园	清末	未定	广东省深圳市龙岗区园山街道西坑社区太围路	

序号	名称	年代	保护级别	地址	备注
78	西坑沙背坜炮楼院	清末	未定	广东省深圳市龙岗区园山街道西坑社区沙背坜村	
79	屋角头围屋	清	未定	广东省深圳市龙岗区园山街道西坑社区屋角头村	
80	东升围屋	清末	未定	广东省深圳市龙岗区园山街道保安社区马六村	
81	荷坳炮楼	清末	未定	广东省深圳市龙岗区园山街道荷坳社区荷坳村	
82	龙口老屋（兰桂书室）	清	未定	广东省深圳市龙岗区园山街道荷坳社区龙口村	
83	大福老围	清	未定	广东省深圳市龙岗区园山街道保安社区大福村	
84	马五罗氏老围	清末	未定	广东省深圳市龙岗区园山街道保安社区马五村	
85	凤山围屋	中华民国	未定	广东省深圳市龙岗区园山街道大康社区大凤村	
86	石肚龙遗址	西周	未定	广东省深圳市龙岗区园山街道西坑社区石肚龙水库入口东侧山下	
87	雷公坑遗址	东周	未定	广东省深圳市龙岗区园山街道西坑社区雷公坑	
龙岗街道					37 处
88	秀挹辰恒围屋	清道光三年（1823 年）	未定	广东省深圳市龙岗区龙岗街道南联社区巫屋村	
89	圳埔世居	明万历十六年（1588 年）	未定	广东省深圳市龙岗区龙岗街道南联社区圳埔老屋村	
90	邱屋老屋	清乾隆二十三年（1758 年）	未定	广东省深圳市龙岗区龙岗街道南联社区邱屋老屋村	
91	田丰世居	清康熙元年（1662 年）	未定	广东省深圳市龙岗区龙岗街道新生社区田祖上老屋村	
92	仙人岭老围	清	未定	广东省深圳市龙岗区龙岗街道新生社区仙人岭大村老屋村	
93	新围世居	清	未定	广东省深圳市龙岗区龙岗街道新生社区低山新围老屋村	
94	低山刘氏宗祠	清道光二十六年（1846 年）	未定	广东省深圳市龙岗区龙岗街道新生社区低山新围老屋村	
95	龙岗龙塘世居	清	未定	广东省深圳市龙岗区龙岗街道龙岗社区福和老屋村	
96	石湖老屋	清嘉庆十三年（1808 年）	未定	广东省深圳市龙岗区龙岗街道龙岗社区石湖村	
97	务地埔老围	清	未定	广东省深圳市龙岗区龙岗街道龙西社区务地埔村	

续表

序号	名称	年代	保护级别	地址	备注
98	玉湖世居	清	未定	广东省深圳市龙岗区龙岗街道龙西社区玉湖村	
99	石溪东炮楼院	清	未定	广东省深圳市龙岗区龙岗街道龙西社区石溪村	
100	龙西巫氏老围	清	未定	广东省深圳市龙岗区龙岗街道龙西社区老围村	
101	李屋老屋	清	未定	广东省深圳市龙岗区龙岗街道龙西社区李屋村	
102	瓦窑坑斗廊排屋	清	未定	广东省深圳市龙岗区龙岗街道五联社区瓦窑坑	
103	七星世居	清	未定	广东省深圳市龙岗区龙岗街道五联社区竹头背村	
104	协平老屋	清	未定	广东省深圳市龙岗区龙岗街道五联社区协平村	
105	朱古石炮楼院	清	未定	广东省深圳市龙岗区龙岗街道五联社区朱古石村	
106	陈铉公祠	清	未定	广东省深圳市龙岗区龙岗街道新生社区车村老屋村	
107	南联张氏宗祠	中华民国	未定	广东省深圳市龙岗区龙岗街道南联社区圳埔岭	
108	格水炮楼院	中华民国	未定	广东省深圳市龙岗区龙岗街道龙岗社区格水村	
109	斗方梅冈世居	中华民国	未定	广东省深圳市龙岗区龙岗街道龙岗社区斗方街老屋	
110	陂头肚炮楼	中华民国	未定	广东省深圳市龙岗区龙岗街道龙西社区陂头肚村	
111	玉湖炮楼院	中华民国	未定	广东省深圳市龙岗区龙岗街道龙西社区玉湖村	
112	祥光满室炮楼院	中华民国	未定	广东省深圳市龙岗区龙岗街道龙西社区白沙水村	
113	白沙水西炮楼院	中华民国	未定	广东省深圳市龙岗区龙岗街道龙西社区白沙水村	
114	白沙水东炮楼院	中华民国	未定	广东省深圳市龙岗区龙岗街道龙西社区白沙水村	
115	白沙水南炮楼院	中华民国	未定	广东省深圳市龙岗区龙岗街道龙西社区白沙水村	
116	新联炮楼	中华民国	未定	广东省深圳市龙岗区龙岗街道龙西社区新联村	
117	石溪西炮楼院	中华民国	未定	广东省深圳市龙岗区龙岗街道龙西社区石溪村	

序号	名称	年代	保护级别	地址	备注
118	楼吓南炮楼院	中华民国	未定	广东省深圳市龙岗区龙岗街道龙西社区楼吓村	
119	对面岭老围	中华民国	未定	广东省深圳市龙岗区龙岗街道龙西社区对面岭村	
120	瓦窑坑炮楼院	中华民国	未定	广东省深圳市龙岗区龙岗街道五联社区瓦窑坑村	
121	得云炮楼院	中华民国	未定	广东省深圳市龙岗区龙岗街道五联社区瓦窑坑村	
122	协平北炮楼院	中华民国	未定	广东省深圳市龙岗区龙岗街道五联社区协平村	
123	协平南炮楼院	中华民国	未定	广东省深圳市龙岗区龙岗街道五联社区协平村	
124	龙山果场遗址	西周	未定	广东省深圳市龙岗区龙岗街道新生社区低山居民小组	
龙城街道					14 处
125	官新合围屋	清嘉庆、道光年间	未定	广东省深圳市龙岗区龙城街道盛平社区官新合村 33 号	
126	松元角老围	清光绪三十年（1904 年）	未定	广东省深圳市龙岗区龙城街道盛平社区松元角村	
127	松子岭老围	清	未定	广东省深圳市龙岗区龙城街道盛平社区松子岭老屋村	
128	岗贝老屋	清	未定	广东省深圳市龙岗区龙城街道爱联社区岗贝村	
129	昇齐楼	中华民国二十一年（1932 年）	未定	广东省深圳市龙岗区龙城街道盛平社区官新合村 32 号	
130	振端堂	中华民国	未定	广东省深圳市龙岗区龙城街道盛平社区松子路 10 号	
131	吓四炮楼院	中华民国	未定	广东省深圳市龙岗区龙城街道回龙埔社区吓四村	
132	上角环炮楼院	中华民国	未定	广东省深圳市龙岗区龙城街道回岗贝社区上角环村	
133	岗贝排屋	中华民国	未定	广东省深圳市龙岗区龙城街道爱联社区西埔村	
134	西埔新居	中华民国十七年（1928 年）	未定	广东省深圳市龙岗区龙城街道爱联社区西埔村	
135	太平炮楼院	中华民国	未定	广东省深圳市龙岗区龙城街道爱联社区太平村	
136	田寮炮楼	中华民国二十年（1931 年）	未定	广东省深圳市龙岗区龙城街道爱联社区田寮村	
137	南岳公祠	清	未定	广东省深圳市龙岗区龙城街道黄阁坑社区老围南	

续表

序号	名称	年代	保护级别	地址	备注
138	蒲芦陂遗址	东周	未定	广东省深圳市龙岗区龙城街道爱联社区石火居民小组	
宝龙街道					28处
139	张氏龙田世居	清	未定	广东省深圳市龙岗区宝龙街道南约社区大浪村	
140	联和黄氏宗祠	清	未定	广东省深圳市龙岗区宝龙街道南约社区联和村	
141	沙井世居	清康熙四十五年（1706年）	未定	广东省深圳市龙岗区宝龙街道南约社区联和沙泉老屋村	
142	炳坑世居	清	未定	广东省深圳市龙岗区宝龙街道南约社区炳坑村	
143	龙湖新居	清	未定	广东省深圳市龙岗区宝龙街道龙东社区吓埔老屋村	
144	大围老屋	清	未定	广东省深圳市龙岗区宝龙街道龙东社区大围老屋村	
145	瑞艳南天炮楼院	清	未定	广东省深圳市龙岗区宝龙街道龙东社区大围村	
146	环水楼	清	未定	广东省深圳市龙岗区宝龙街道龙东社区兰三村	
147	赤石岗老围	清	未定	广东省深圳市龙岗区宝龙街道龙东社区赤石岗小区	
148	新大坑	清道光五年（1825年）	未定	广东省深圳市龙岗区宝龙街道龙东社区新大坑老屋村	
149	大田世居	清道光五年（1825年）	未定	广东省深圳市龙岗区宝龙街道龙东社区陈源盛老屋村	
150	棠梓新居	清	未定	广东省深圳市龙岗区宝龙街道龙东社区沙背坜村	
151	桥背老围	清	未定	广东省深圳市龙岗区宝龙街道龙东社区桥背老屋村	
152	尚义旧家	清	未定	广东省深圳市龙岗区宝龙街道同乐社区老大坑村	
153	阳和世居	清嘉庆十三年（1808年）	未定	广东省深圳市龙岗区宝龙街道同乐社区阳和浪村	
154	吓坑围屋	清	未定	广东省深圳市龙岗区宝龙街道同乐社区吓坑老屋村	
155	云桥新居	中华民国	未定	广东省深圳市龙岗区宝龙街道南约社区炳坑路马桥老屋村	
156	璇庆新居	中华民国	未定	广东省深圳市龙岗区宝龙街道龙东社区沙背坜村	
157	兰水新居	中华民国	未定	广东省深圳市龙岗区宝龙街道龙东社区兰水路兰二村	

序号	名称	年代	保护级别	地址	备注
158	赤石岗炮楼院	中华民国	未定	广东省深圳市龙岗区宝龙街道龙东社区赤石岗老屋村	
159	大埔老围	中华民国	未定	广东省深圳市龙岗区宝龙街道龙东社区大埔村	
160	沙背坜炮楼院	中华民国	未定	广东省深圳市龙岗区宝龙街道龙东社区沙背坜村	
161	黄屋炮楼	中华民国	未定	广东省深圳市龙岗区宝龙街道同乐社区黄屋村	
162	同乐吓坑黄氏宗祠	清	未定	广东省深圳市龙岗区宝龙街道同乐社区吓坑老屋村	
163	龙跃世居	清	未定	广东省深圳市龙岗区宝龙街道龙东社区池屋老屋村	
164	胡仕从夫妇合葬墓	清	未定	广东省深圳市龙岗区宝龙街道龙东社区沙背沥小区	
165	南联村遗址	新石器时代	未定	广东省深圳市龙岗区宝龙街道龙岗植物园内	
166	新布老围	清	未定	广东省深圳市龙岗区宝龙街道同乐社区新布村	
坪地街道					32处
167	年丰余氏围屋	清	未定	广东省深圳市龙岗区坪地街道年丰社区余屋村居民小组大水田	
168	年丰邓氏宗祠	清	未定	广东省深圳市龙岗区坪地街道年丰社区矮岗村居民小组	
169	中心余氏围屋	清	未定	广东省深圳市龙岗区坪地街道中心社区上畲居民小组	
170	西湖塘新围	清	未定	广东省深圳市龙岗区坪地街道坪东社区西湖塘村居民小组	
171	西湖塘老围	明、清	未定	广东省深圳市龙岗区坪地街道坪东社区西湖塘村居民小组	
172	四方埔萧氏围屋	清	未定	广东省深圳市龙岗区坪地街道四方埔社区四方埔居民小组	
173	槐龙新居	清	未定	广东省深圳市龙岗区坪地街道坪东社区西湖塘新围旁	
174	西湖塘王氏大宅	清	未定	广东省深圳市龙岗区坪地街道坪东社区西湖塘居民小组	
175	西湖塘王氏宅	清	未定	广东省深圳市龙岗区坪地街道坪东社区西湖塘居民小组	
176	富乐老井	清	未定	广东省深圳市龙岗区坪地街道中心社区富乐居民小组	
177	金岭世居	清道光六年（1826年）	未定	广东省深圳市龙岗区坪地街道中心社区寿利居民小组	

续表

序号	名称	年代	保护级别	地址	备注
178	山塘尾萧氏围	清	未定	广东省深圳市龙岗区坪地街道中心社区山塘尾居民小组	
179	山塘尾萧氏宗祠	清	未定	广东省深圳市龙岗区坪地街道中心社区山塘尾居民小组	
180	坪西萧宏隆宅	清	未定	广东省深圳市龙岗区坪地街道中心社区山塘尾居民小组	
181	坪西萧氏围屋	清	未定	广东省深圳市龙岗区坪地街道坪西社区花园居民小组	
182	乌料龙萧氏围	清	未定	广东省深圳市龙岗区坪地街道坪西社区乌料龙居民小组	
183	泮浪世居	清乾隆三十四年（1769 年）	未定	广东省深圳市龙岗区坪地街道坪西社区新屋场居民小组	
184	麟阁世居	清	未定	广东省深圳市龙岗区坪地街道坪西社区沃头居民小组	
185	东兴书室	清	未定	广东省深圳市龙岗区坪地街道坪西社区沃头居民小组	
186	新桥世居	清	未定	广东省深圳市龙岗区坪地街道坪西社区高桥居民小组	
187	香元世居	清	未定	广东省深圳市龙岗区坪地街道坪西社区香元居民小组	
188	罗屋世居	清	未定	广东省深圳市龙岗区坪地街道六联社区罗屋居民小组	
189	六联香氏宗祠	清	未定	广东省深圳市龙岗区坪地街道六联社区老香新村居民小组	
190	瑞田世居	清	未定	广东省深圳市龙岗区坪地街道六联社区老香新村居民小组	
191	上围世彩新居	1961 年	未定	广东省深圳市龙岗区坪地街道年丰社区上围村居民小组	
192	年丰骆氏炮楼院	中华民国	未定	广东省深圳市龙岗区坪地街道年丰社区田坑村居民小组	
193	坪西八群堂	中华民国二十一年（1932 年）	未定	广东省深圳市龙岗区坪地街道坪西社区沃头居民小组	
194	坪西萧氏炮楼	中华民国	未定	广东省深圳市龙岗区坪地街道坪西社区新屋场居民小组	
195	香元萧氏炮楼院	中华民国	未定	广东省深圳市龙岗区坪地街道坪西社区香元居民小组	
196	六联萧氏炮楼	中华民国	未定	广东省深圳市龙岗区坪地街道六联社区屯圩居民小组	
197	金鱼岭遗址	东周	未定	广东省深圳市龙岗区坪地街道六联社区新香居民小组	
198	雷公塘遗址	东周	未定	广东省深圳市龙岗区坪地街道高桥社区河大块村	

省级文物保护单位

1. 鹤湖新居

鹤湖新居位于广东省深圳市龙岗区龙岗街道南联社区，创建人罗瑞凤于清乾隆年间从祖居地广东兴宁迁徙至龙岗建村立业，历经数代，于清嘉庆二十二年（1817年）建成鹤湖新居。整座建筑由内、外两围环套而成，中心为府第式三堂二横。墙体结构下为三合土夯筑，上有少量泥砖。整座围屋前宽165.9米，后宽116.3米，进深104米，建筑占地面积23800多平方米。以祠堂为中心，有300多间房屋。阁、楼、厅、堂、房、井、廊、院、天井等互相关联，有"九天十八井、十阁走马廊"之称，属客家式建筑的清代晚期形式。1996年被原龙岗镇政府辟为客家民俗博物馆，有二级文物四件、三级文物五件，现免费对外开放，供民众参观。1998年8月，被深圳市人民政府公布为市级文物保护单位。2002年7月，被广东省人民政府公布为省级文物保护单位。

保护范围：自围屋外墙（包括风水池、禾坪）向四周各延伸30米。面积39917.65平方米。

建设控制地带：自保护范围向四周各延伸70米，根据现状建筑、道路边界，建设控制地带的范围有所调整。面积75219.1平方米。

2. 茂盛世居

茂盛世居位于广东省深圳市龙岗区横岗街道四联社区茂盛村，何氏客家人于清中期从祖居地广东兴宁迁徙至龙岗，于清咸丰年间建成茂盛世居。面向西北，通面阔 86 米，进深 73.8 米，占地面积 10000 平方米。三堂两横加外围楼和四角楼布局，土木结构，条石门框，正面开一门。祠堂位于中轴线上，三开间三进祠堂，中堂为抬梁式与穿斗式相结合梁架，金柱圆形，檐柱为石质方形讹角，双层花瓶柱础，1992 年重修改成水泥地面，迎门书"茂盛"二字。四角楼为瓦坡顶，高三层，四面开窗和射击孔。2001 年 6 月，被深圳市龙岗区人民政府公布为区级文物保护单位。2002 年 7 月，被广东省人民政府公布为省级文物保护单位。

保护范围：自围屋外墙（包括风水池、禾坪）向四周各延伸 30 米，向东延伸至茂盛公园东侧。面积 31700.42 平方米。

建设控制地带：自保护范围向四周各延伸 70 米，根据现状建筑布局、规划道路，建设控制地带的范围有所调整。面积 64384.41 平方米。

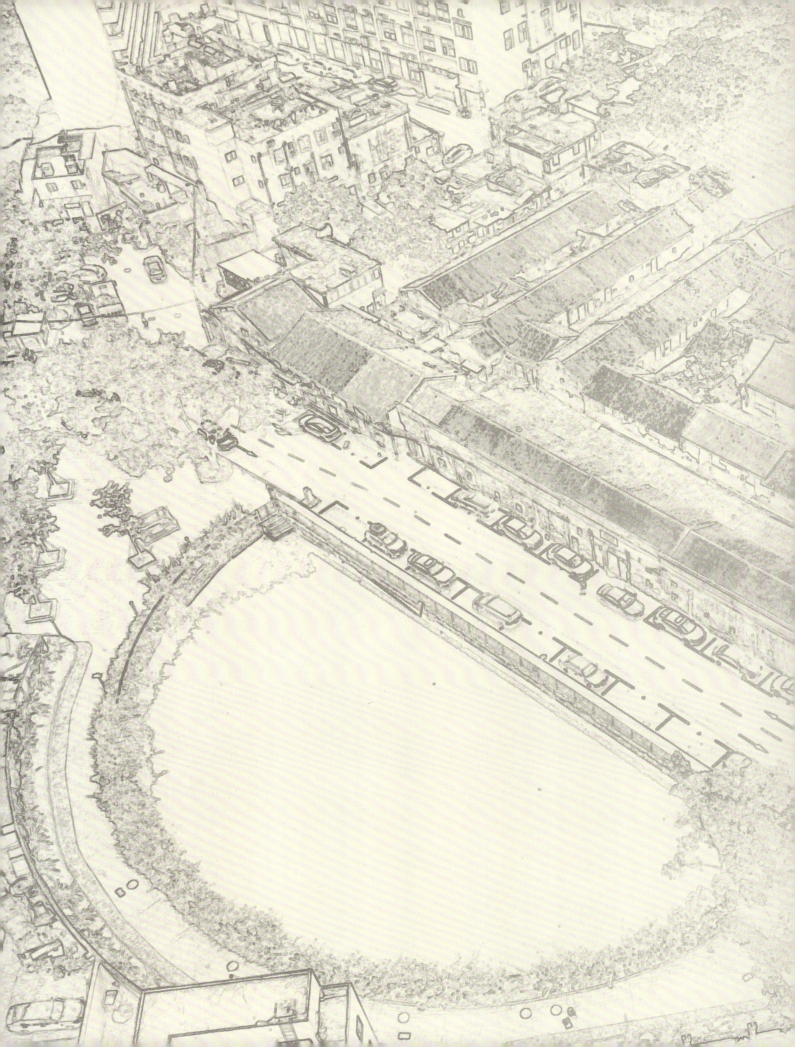

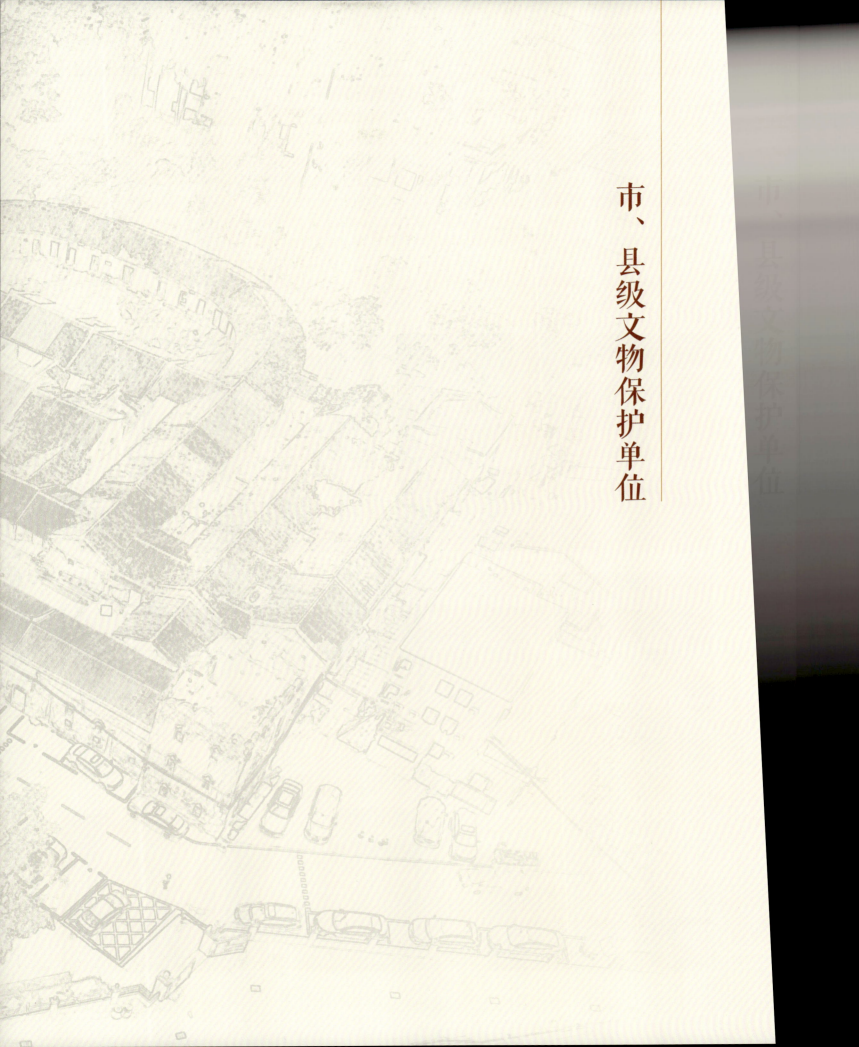

市、县级文物保护单位

3. 念妇贤医院

念妇贤医院位于广东省深圳市龙岗区平湖街道新南社区述昌街7号，面向西北，建筑占地面积212.3平方米。由平湖籍香港人士刘铸伯于民国四年（1915年）所建，为面阔三间一进两层的建筑。面阔17.35米，最大进深11.2米。大门门额镶匾"念妇贤医院"和"乐善好施"两块。正门额"乐善好施"于民国四年由大总统黎元洪题褒。民国时期医疗机构在当地比较少，刘铸伯为了造福同乡和纪念因病去世的夫人而建此院。墙体用三合土夯筑而成，硬山顶，整体保存一般。2001年6月，由龙岗区人民政府公布为区级文物保护单位。

保护范围：自纪劬劳学校、念妇贤医院向四周延伸6米，根据现状道路、建筑和法定图则，保护范围有所调整。面积843平方米。

建设控制地带：自保护范围向四周各延伸30米，根据法定图则和文物保护单位视线通廊要求建设控制地带有所调整。面积12081.5平方米（含纪劬劳学校建设控制地带面积）。

4. 纪劬劳学校

　　纪劬劳学校位于广东省深圳市龙岗区平湖街道新南社区老街，正面朝南偏东30度，由平湖籍香港人士刘铸伯独资捐建于民国四年（1915年）。建筑占地面积266.5平方米，面阔三间一进，两层结构。通面宽20.5米，进深13米，用三合土夯筑而成，硬山顶，覆小青瓦。2001年6月，由龙岗区人民政府公布为区级文物保护单位。

　　保护范围：自纪劬劳学校、念妇贤医院向四周延伸6米，根据现状道路、建筑和法定图则，保护范围有所调整。面积833.4平方米。

　　建设控制地带：自保护范围向四周各延伸30米，根据法定图则和文物保护单位视线通廊要求建设控制地带有所调整。面积12081.5平方米（含念妇贤医院建设控制地带范围）。

5. 甘坑炮楼院

　　甘坑炮楼院位于广东省深圳市龙岗区吉华街道甘坑社区彭屋村，正面朝南偏西30度，通面阔38米，最大进深22米，占地面积约900平方米。中华民国建筑，由炮楼和排屋组成。炮楼高四层，天台女墙方桶式，平面呈方形，四面开瞭望窗，顶层竖条形射击孔。排屋为三排，炮楼拖屋为五开间，都为硬山顶单间两进结构，三合土墙，顶覆小青瓦。整体保存尚可。2016年6月，由龙岗区人民政府公布为区级文物保护单位。

　　保护范围：面积907.34平方米。根据实际情况有所调整，具体详见区划图。

　　建设控制地带：面积2900.23平方米。根据实际情况进行划定，具体详见区划图。

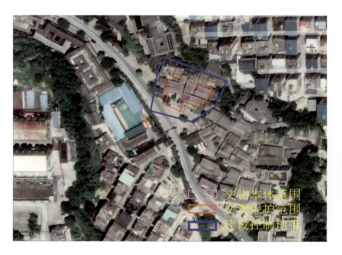

6. 观祥古寺

观祥古寺位于广东省深圳市龙岗南湾街道厦村社区丹沙公路旁，面向西北，建筑面积约388.8平方米，始建年代不详，清咸丰丙辰年（1856年）重修。该建筑平面布局为五开间二进二跨院落布局，面阔21.6米，进深18米。在前殿内右侧墙上，镶嵌有清同治四年（1865年）石碑一块，记录了张君亮等施舍田粮为观世音案前"油灯钱"，立碑人为观祥古寺主持僧复如。整体保存一般。观祥古寺是南湾唯一一处古代佛寺，也是深圳仅有的几处古代佛教建筑之一。2006年6月，由龙岗区人民政府公布为区级文物保护单位。

保护范围：观祥古寺建筑外墙向四周延伸6米根据现状道路、建筑和法定图则，保护范围有所调整，保护面积1385.3平方米。

建设控制地带：自保护范围向四周延伸30米，根据现状道路、建筑和法定图则，建设控制地带有所调整，具体详见区划图。面积5040.6平方米。

文物本体范围
文物保护范围
建设控制地带

7. 南岭围

南岭围位于广东省深圳市龙岗区南湾街道南岭社区，坐西南面东北，通面阔 50 米，进深 27 米，占地面积约 2520.2 平方米。清末时期建筑，为客家围屋。正面开一间，书"南岭"二字，围内共有八个祠堂，"绍玉张公祠"位于中间，面阔三间两进，其他祠堂都为单间一进，分别是"维创张公祠""绍华张公祠""林氏宗祠""袁氏宗祠""李氏宗祠""邱氏宗祠""谭氏宗祠"。围内房屋依次排列为三排，都为斗廊齐头三间两廊结构，三合土墙，顶覆小青瓦。正对大门有一月池，围内祠堂因重修都保存较好，后人还延续着传统的祭祖风俗。围内除张姓宗祠，其他宗祠都是近年迁入，整体保存尚可。2016 年 6 月，由龙岗区人民政府公布为区级文物保护单位。

保护范围：根据实际情况进行规定，具体详见区划图。面积 3608.74 平方米。

建设控制地带：根据实际情况进行划定，具体详见区划图。面积 10771.7 平方米。

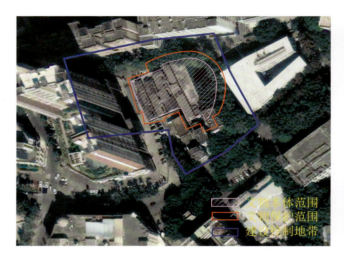

文物本体范围
文物保护范围
建设控制地带

8. 南岭炮楼

南岭炮楼位于广东省深圳市龙岗区南湾街道南岭社区，面向东南，通面阔 21 米，进深 10 米，建筑占地面积约为 210 平方米。中华民国十八年（1929 年）建筑，一炮楼拖一屋组成整体。炮楼位于北侧，高四层，平面呈方形，天台山墙方桶式，顶层四面居中设铳斗，饰摆钟花鸟、蝙蝠等图案，四面开瞭望窗。拖屋四开间，高两层，顶部山墙，精美浮刻，分别书"权宜筏住""乔尚云屏"，檐口有壁画，整体保存较好。2016 年 6 月，由龙岗区人民政府公布为区级文物保护单位。

保护范围：根据实际情况进行划定，具体详见区划图。面积 650.07 平方米。

建设控制地带：根据实际情况进行划定，具体详见区划图。面积 3204.42 平方米。

文物本体范围
文物保护范围
建设控制地带

9. 俊千学校旧址

俊千学校旧址位于广东省深圳市龙岗区南岭街道南岭社区，建于 1927 年。坐东南面西北，通面阔 5 米，进深 7 米，占地面积约 35 平方米。高四层，平面呈方形，天台女墙方桶式炮楼，顶层东面设铳斗，西北面和东北面顶部书"俊千楼学校"，四面开有瞭望窗，炮楼整体保存一般。2016 年 6 月，由龙岗区人民政府公布为区级文物保护单位。

保护范围：根据实际情况进行划定，具体详见区划图。面积 299.85 平方米。

建设控制地带：根据实际情况进行划定，具体详见区划图。面积 2064.45 平方米。

10. 杨槐庄墓葬群

杨槐庄墓葬群位于广东省深圳市龙岗区园山街道西坑社区梧岗围南老虎坳山坡上，墓主为明末归善县西坑人，是杨姓客家人开发西坑村的始祖。墓上建筑于清光绪二十一年（1895年）重修。清杨迪效、杨迪熙等合葬墓位于杨槐庄墓东南面。杨迪效、杨迪熙乃杨槐庄之子，是杨姓开发西坑村的先祖之一。杨槐庄墓是龙岗区目前发现的最早的客家先人墓葬之一，又是明代中期以后客家人开发龙岗的历史见证，该墓群对研究深圳地区墓葬形制的演变具有一定的价值。2006年7月，被龙岗区人民政府公布为区级文物保护单位。

保护范围：自杨槐庄墓葬群向四周各延伸30米。面积3600平方米。

建设控制地带：自保护范围向四周各延伸30米，根据现状道路、建筑和法定图则，建设控制地带的范围有所调整。面积10145.8平方米。

文物本体范围
文物保护范围
建设控制地带

杨槐庄墓

杨姑婆墓

杨迪效、杨迪熙等合葬墓

11. 西坑宝塔

　　西坑宝塔位于广东省深圳市龙岗区园山街道西坑社区西坑公园山腰上，正面朝南偏东45度，清末建筑，1980年港商捐资重修塔刹（现一层门额及其两侧刻捐资修塔者名录）。宝塔为等边七角形建筑，高四层，第一层西南面书"宝塔"二字，每层每面开窗。边长1.3米，高7.1米，占地面积8.15平方米，整座建筑由青砖砌起。宝塔整体形制保存较好，结构稳定。一层的两块匾额由于受风化影响，匾额字迹较模糊。西坑宝塔是本地区唯一保存的风水塔。2016年6月，由龙岗区人民政府公布为区级文物保护单位。

　　保护范围：根据实际情况有所调整，具体详见区划图。面积202.7平方米。

　　建设控制地带：根据实际情况进行划定，具体详见区划图。面积3385.59平方米。

12. 正埔岭

正埔岭位于广东省深圳市龙岗区龙岗街道南联社区向前村,由清乾隆年间潮源公所建,坐北朝南。面宽约 100 米,进深约 52.5 米,建筑占地面积 7221.49 平方米。现为三堂四横、一围龙带一倒座,五角楼的建筑。先建围龙屋再建四横屋,两侧二横组成五套"斗廊式"单元房,前面建一倒座与横屋相接,倒座与原围龙屋的堂横屋以天街相隔,倒座高二层、三座门。均由三合土夯筑而成,围前有禾坪与月池。正埔岭是龙岗区保存为数不多的围龙屋,对研究本地区客家民居的发展演变具有重要价值。2016 年 6 月,由龙岗区人民政府公布为区级文物保护单位。

保护范围:根据实际情况进行划定,具体详见区划图。面积 9298.32 平方米。

建设控制地带:根据实际情况进行划定,具体详见区划图。面积 14701.25 平方米。

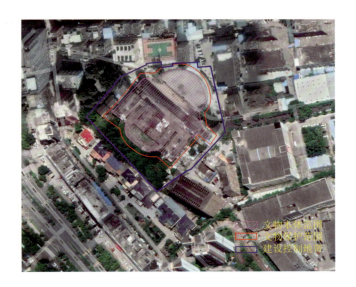

13. 梅冈世居

　　梅冈世居位于广东省深圳市龙岗区龙岗街道龙岗社区杨梅岗村，正面朝北偏东25度，建成于乾隆四十三年（1778年）。占地面积6309.05平方米，面阔63.2米，进深57.5米。该建筑为三堂两横加外围，倒座布局。前有月池、禾坪，月池宽67.5米，最大垂直距离26米，与建筑之间距离为11米。正面开三门，左右两门已堵，正门为石拱券门，门额石匾书"梅冈世居"四字，祠堂为三堂五开间，梁架结构为穿斗式和抬梁式相结合。除两个角楼未完工外，其余五个角楼保存完整。平面呈长方形，高三层，歇山顶，船形脊，各层有射击孔，第三层开两门。各角楼间有走马廊相连，因前围完工，可与之相通，两侧围屋因财力问题未及建成，因而无法相通。梅冈世居对研究客家民居有重要价值。2016年6月，由龙岗区人民政府公布为区级文物保护单位。

　　保护范围：根据实际情况有所调整，具体详见区划图。面积8133.31平方米。

　　建设控制地带：根据实际情况进行划定，具体详见区划图。面积11682.59平方米。

14. 陈康适墓

陈康适墓位于广东省深圳市龙岗区龙城街道龙红格社区榄峒山南坡，土名坟子前，坐北朝南。地形"罗裙铺地"，又称"大坟""蚁地"。据清理的情况看，此为长方形土坑墓，中置棺木，周围夯土，棺木上盖十条红砂石板，上夯土成坟堆。南宋时期墓葬，该墓于1992年重修，2001年再修，2005年经市、区文物专家鉴定，具有较高的历史和科学价值。2006年7月，被龙岗区人民政府公布为区级文物保护单位。

保护范围：自宋陈康适墓向四周延伸6米，根据现状墓葬建设、绿化和道路，保护范围有所调整。面积484平方米。

建设控制地带：根据法定图则划定。面积442平方米。

文物本体范围
文物保护范围
建设控制地带

15. 吉坑世居

吉坑世居位于广东省深圳市龙岗区坪地街道六联社区吉坑居民小组，朝向南偏西45度，由萧氏建于清道光甲申年（1824年）。面宽98米，进深46米，建筑占地面积有6690平方米。平面布局为三堂两横、四角楼一望楼结构，前有倒座、禾坪和月池等。门额阳刻"吉坑世居"，一进有天街，角楼高三层，当心间为萧氏宗祠，三进两天井结构。门前铺设条石板路，有石檐柱，中堂上有"庸和堂，武监生萧润邦庠生煌昭建立，道光甲申年造"木匾。萧氏祖堂神龛上有对联为"由揭阳迁归邑百世流芳思祖德，居泮浪建吉坑四坤胎裔念宗功"。望楼高两层，两边有封火墙，围屋为夯土围墙高5米，石、砖木结构，船型屋脊，是一处典型的清代四角楼客家围屋。现整体保存较好。2012年5月，由龙岗区人民政府公布为区级文物保护单位。

保护范围：自吉坑世居建筑（禾坪和月池）外墙向四周外延6米，根据现状道路和建筑，保护范围有所调整。面积10930.5平方米。

建设控制地带：自保护范围向四周处延30米，根据现状道路、建筑和法定图则，建设控制地带的范围有所调整。面积17574平方米。

16. 岳湖岗林氏宗祠

  岳湖岗林氏宗祠位于广东省深圳市龙岗区坪地街道中心社区岳湖岗居民小组，共有七美堂、宝绿堂、思涯堂三座宗祠，均为清代广府式宗祠。建筑整体正面朝西偏南约 30 度。

  七美堂面宽约 11 米，进深约 17 米，建筑占地面积约为 432.24 平方米，平面布局为三开间，两进一天井结构，两边侧廊中间天井，堂前有塾台（包台）和石檐柱，正门上有匾书"林氏宗祠"，砖土木结构，布瓦硬山顶，船形屋脊。

  宝绿堂面宽约为 10.1 米，进深约为 15.3 米，建筑占地面积约为 161.39 平方米，平面布局为三开间，两进深一天井结构，两边侧廊中间天井结构，砖土木结构，布瓦硬山顶，船形屋脊。

  思涯堂面宽约 9.95 米，进深约 18.95 米，建筑占地面积约为 194.47 平方米，平面布局为三开间，两进深一天井结构，两边侧廊中间天井，屋前有塾台和檐柱，正门上匾额书阳文"林氏宗祠"，砖土木结构，布瓦硬山顶，船形屋脊。

宝绿堂

七美堂

思涯堂

17. 曾鸿文炮楼

　　曾鸿文炮楼位于广东省深圳市龙岗区坂田街道新雪社区上雪居民小组，坐北朝南，面宽约 18.51 米，进深约 8.84 米，建筑占地面积约为 172.69 平方米。中华民国建筑，一炮楼拖三开间排屋加一间附属用房布局，夯土木结构。其中炮楼高五层，木构楼楞、楼板，顶饰灰带，四面设窗或射击孔，五层东南角和西北角设铳斗，南北面有鲤鱼吐珠排水口，拖屋和附属用房为硬山灰瓦顶，清水脊。

文物本体范围位置图

文物本体范围
文物保护范围
建设控制地带

未定级不可移动文物

平湖街道

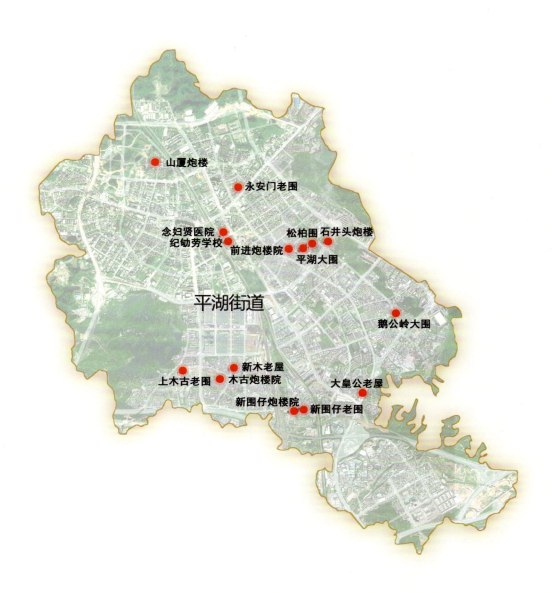

山厦炮楼

永安门老围

念妇贤医院
纪劬劳学校
前进炮楼院

松柏围 石井头炮楼
平湖大围

平湖街道

鹅公岭大围

新木老屋
上木古老围 木古炮楼院
大皇公老屋

新围仔炮楼院 新围仔老围

18. 山厦炮楼

山厦炮楼位于广东省深圳市龙岗区平湖街道山厦社区，正面北偏西20度，通面阔7米，最大进深11.7米，建筑占地面积约为104.59平方米，中华民国建筑。由一炮楼拖一屋组成。炮楼高三层，天台栏墙山墙混合方桶式，山墙饰红色，四面开窗，顶层四面有鱼形排水口。拖屋一开间两进，硬山顶，均用三合土夯筑而成。

按照《关于平湖街道山厦旧村城市更新单元拟拆除用地范围内文物保护意见的复函》（深龙文体旅函〔2014〕135号），原址原貌保留山厦炮楼。

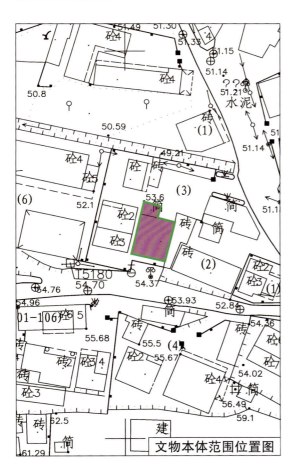

文物本体范围位置图

19. 新围仔炮楼院

新围仔炮楼院位于广东省深圳市龙岗区平湖街道新木社区，正面朝东北。通面阔 28 米，进深 10.4 米，建筑占地面积约 291.2 平方米，中华民国建筑。一炮楼拖一屋组成炮楼院整体。炮楼位于左侧，高五层，平面呈方形，顶层四面居中设铳斗，顶饰白色卷云纹加红带。炮楼从底往上每层缩进约 20 厘米，为天台女墙外收分式。拖屋为六开间单间一进，脊饰博古，均用三合土夯筑而成，硬山顶，覆小青瓦。新围仔炮楼呈外收分式，在本地区仅此一例，对研究炮楼的形制变化有重要价值。

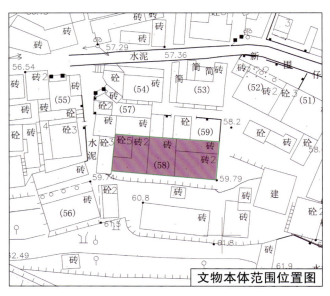

文物本体范围位置图

20. 木古炮楼院

　　木古炮楼院位于广东省深圳市龙岗区平湖街道新木社区木古老村，面向东北，通面阔 27 米，进深 16.6 米，建筑占地面积约为 550 平方米，中华民国建筑。一炮楼拖一屋组成整体。炮楼位于左侧，高五层，平面呈长方形，天台女墙方桶式，顶饰蓝带，顶层四面居中设铳斗。炮楼东北和西南面有鱼形排水口，四面开有小窗和横条形射击孔。拖屋五开间，硬山顶单元式结构，高两层。廊屋开射击孔，顶饰蓝带，檐口有壁画和精美木刻。

　　按照《关于平湖街道新木村城市更新单元旧屋村范围内文物保护的复函》（深龙文体旅函〔2013〕83 号），原址原貌保留木古炮楼院。

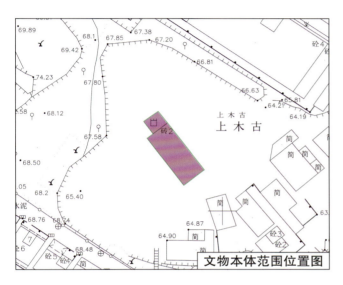
文物本体范围位置图

21. 石井头炮楼

石井头炮楼位于广东省深圳市龙岗区平湖街道平湖社区石井头村，面向西南，通面阔 25 米，最大进深 10.6 米，占地面积约 260 平方米，中华民国建筑。一炮楼拖一屋组成。炮楼位于北面，高五层，平面呈长方形，山墙、栏墙混合式炮楼，四面开窗和哑铃形射击孔。顶部四面设铳斗，南北两面饰摆钟，西面饰花篮，正面第四层处有两锦鲤吐珠排水口。拖屋五开间，为齐头屋、硬山顶，三合土砌墙，建筑部分被改建，整体保存较好。

石井头炮楼是本地炮楼院建筑受西方建筑因素影响的代表，对研究本地区炮楼院建筑的发展演变有重要价值。

按照《关于征求平湖街道平湖社区新祠堂片区城市更新单元文物保护相关意见的复函》（深龙文体旅函〔2017〕282 号），原址原貌保留石井头炮楼。

文物本体范围位置图

22. 平湖大围

平湖大围位于广东省深圳市龙岗区平湖街道平湖社区松柏村，建筑坐西北面东南，建村于宋代末年，历经700余年。占地面积约15000平方米，广府式排屋和一祠堂组成平湖大围的整体。排屋用青砖砌起，硬山顶，覆小青瓦，脊饰博古带门罩，部分房屋三开间两进，檐口饰精美木刻。由2条主巷道分隔成3部分，从前至后步步高起。祠堂位于东北角，面阔三间三进，面宽10.8米，进深40米。正门额书"刘氏宗祠"，檐口所饰人物花鸟壁画木刻精美。中堂为抬梁式和穿斗式相结合的梁架，脊饰博骨、灰塑等。祠堂廊屋为明间。祠堂右侧有一口古井，井壁用青砖砌券，井口用石条砌成，八边形，口径1.17米。据《刘氏家谱》记载，刘氏祖先先由南雄珠玑巷迁至东莞，后迁至深圳丹竹头，再至平湖大围。由刘氏一世祖达宗于宋代中期启基于此，至今已有700余年。平湖大围人才辈出，先后5人考取了功名，成为举人或贡生。原居民已迁到周边，现房屋用于出租，周边以现代民居建筑为主。大围整体结构布局尚存，对研究本地区的传统村落，尤其是广府围村的演变有重要价值。

按照《关于平湖街道平湖片区城市更新单元旧屋村范围内文物保护意见的复函》（深龙文体旅函〔2013〕43号），原址原貌保留平湖大围东、西围门、围内古井、刘氏宗祠及古井南侧三排三列民居建筑，占地面积2002.05平方米。

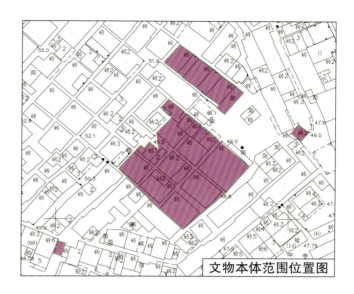

文物本体范围位置图

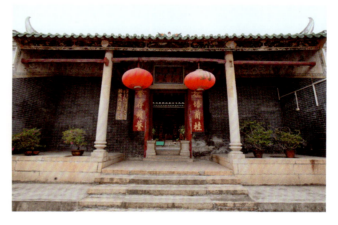

23. 松柏围

　　松柏围位于广东省深圳市龙岗区平湖街道平湖社区内，与平湖大围相邻，建于明末清初。围屋名松柏围，是因门厦前有两棵松树而得名，但现今树已不存。围屋坐西北面东南，占地面积 5400 平方米。由数排广府式排屋组成松柏围整体。排屋用青砖砌起，少部分用三合土夯筑，硬山顶，覆小青瓦，脊饰博古带门罩，后排有三房屋为锅耳山墙。房屋大部分为三开间两进，檐口有精美木刻，由三条主巷道分隔，从前至后不断高起。大部分建筑尚存，原村民由南雄珠机巷迁至东莞后迁至深圳丹竹头，再至平湖大围，均为刘姓。明朝刘氏十四世本刚在大围立围，其子十五世武弼在松柏围立围，发展至今已有三十五世。在封建的科举时代，松柏围有"九代不扶犁"的美誉。

　　按照《关于〈深圳市龙岗区松柏围六幢文物保护点迁移方案暨平湖大围保护规划〉的复函》（深龙文体旅函〔2015〕85号），松柏围六栋传统民居迁入平湖大围内，占地面积 493.43 平方米。

文物本体范围位置图

24. 永安门老围

　　永安门老围位于广东省深圳市龙岗区平湖街道新南社区力元吓村，清末建筑。坐西北面东南，通面阔 62.5 米，进深 32.5 米，占地面积 2031 平方米。由排屋和炮楼组成，土木结构，房屋顶覆小青瓦。正面开一大门，门额书"永安门"三字。大门正对一条主巷道，左右依次排列为四排，都为硬山顶单间结构。炮楼位于东北角，高四层，平面呈长方形，天台女墙方桶式炮楼，四面开有小窗，顶部东、西对角设铳斗，对研究本地区广府围及炮楼院的演变有重要价值。

　　按照《关于平湖街道力元吓片区更新单元范围内文物保护意见的复函》（深龙文体旅函〔2013〕182 号）以及《关于平湖街道力元吓片区城市更新单元规划征求意见的复函》（深龙文体旅函〔2018〕77 号），迁移保护永安门老围中的炮楼，占地面积 19.89 平方米。

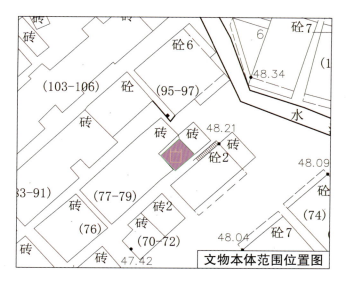

文物本体范围位置图

25. 大皇公老屋

大皇公老屋位于广东省深圳市龙岗区平湖街道良安田社区大皇公村，清末建筑。坐西北面东南，通面阔50米，进深31米，占地面积约1550平方米。由排屋、炮楼和外门楼组成老屋村整体。排屋由一条东西走向的主巷道分隔，左右各为三排，前两排房屋为五开间，后排改建，仅剩两间。房屋为齐头三间两廊结构，廊屋都开有一门，带门罩。土木结构，房屋顶覆小青瓦。第一排房屋8米处有一高约1.5米的照墙。外门楼位于照墙南侧。炮楼位于北侧，高三层，平面呈长方形，为天台女墙方桶式炮楼，顶饰蓝带，四面开有小窗和射击孔，对研究本地区广府围村及炮楼院的发展演变有一定价值。

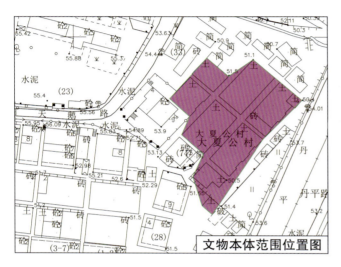

文物本体范围位置图

26. 前进炮楼院

前进炮楼院位于广东省深圳市龙岗区平湖街道新南社区前进村，清末建筑。坐西北面东南，占地面积500平方米。由一炮楼拖两排屋组成。炮楼位于东北角，高四层，天台女墙方桶式，平面呈方形，四面开小窗。炮楼正面顶部有两鱼形排水口，第四层设四个铳斗。拖屋为硬山顶单间结构，前排八开间，后排七开间，均用三合土夯筑而成。炮楼建造精致，保存较好，对研究本地区炮楼院的发展有重要价值。

前进炮楼院按照《关于平湖街道新南小学片区城市更新单元拆除用地范围文物保护事宜的复函》（深文体旅函〔2017〕107号）以及2015年专家复查评估意见，保留炮楼，占地面积21.89平方米。

文物本体范围位置图

27. 鹅公岭大围

鹅公岭大围位于广东省深圳市龙岗区平湖街道鹅公岭社区善德路88号，清代建筑。坐北朝南，占地面积25000平方米，由排屋、炮楼组成。房屋依山而建，整体布局成弯刀形，中间较为整齐。四条南北巷道分隔依次排列成五排房屋，现存44间，从前至后步步高起。以歇山顶单间广府式排屋为主，青砖砌墙，东南面和东北面房屋较为混乱，巷道之间距离较窄。村内有两座炮楼，分别位于西南角和西北角。西南角炮楼高三层，天台栏墙方桶式，平面呈方形，四面开窗；西北角炮楼高四层，四面开窗，天台女墙方桶式，南面顶层有两个鱼形排水口。鹅公岭大围面积较大，属本地传统广府围村，后期又加建或改建炮楼院，对研究本地区广府村落和炮楼院的演变有一定价值。

按照《关于征求平湖街道鹅公岭社区大围片区申报城市更新单元范围划定相关意见的复函》（深龙文体旅函〔2019〕28号），保留鹅公岭大围东门楼、四层炮楼及拖屋，占地面积412.91平方米。

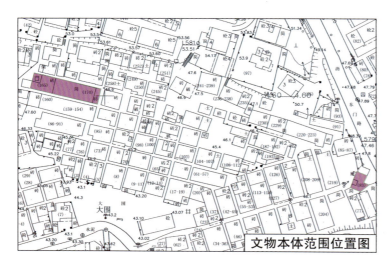

文物本体范围位置图

28. 新围仔老围

新围仔老围位于广东省深圳市龙岗区平湖街道新木社区新围仔村内，始建于明代。坐东南面西北，占地面积1598平方米，由数排房屋组成老围整体。一条东西主巷道将不规则的数排房屋分作左右。房屋墙体以青砖为主，硬山顶单间，部分带有门罩。祠堂位于主巷道右侧，面阔三间两进，整体保存一般。据新围仔近代王氏族谱记载，新围仔居民起源于广东南雄市，以王韵公为初祖，在经历700多年期间，曾搬迁于广东博罗、东莞一带。至七世祖元英公，花兰亭字七通在明朝永乐年间迁居漆子都，与刘氏生五子。其三子兆保号云涧，迁居于平湖新围仔岐岭地方，现与平湖周边东莞一带王氏归属同族。

文物本体范围位置图

29. 新木老屋

　　新木老屋位于广东省深圳市平湖街道新木社区老村，清末建筑。坐西北面东南，占地面积约 548 平方米，由排屋、炮楼组成老屋整体。三排房屋由数条巷道分隔，依次排列，房屋均用三合土砌墙。炮楼位于东北角，高四层，天台女墙方桶式，顶饰蓝带，四面开小窗和横条形射击孔。总体结构基本保存原貌，梁架和基础较好，局部瓦件脱落，历史风貌较差。新木老屋对研究本地区广府围村及炮楼院的演变有一定价值。

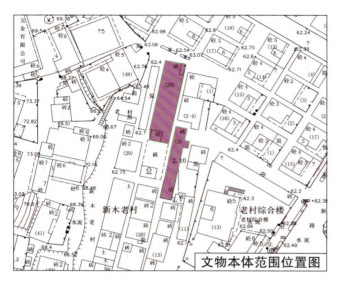

文物本体范围位置图

30. 上木古老围

上木古老围位于广东省深圳市平湖街道上木古社区，清代建筑。面向东南，占地面积2500平方米。由数排房屋组成老围的整体。一条东西主巷道与正大门相连，房屋依次排列成三排，各排前有三条南北巷道。房屋以硬山顶单间为主，三合土墙，顶覆小青瓦。炮楼一位于西南角，高四层，平面呈长方形，天台女墙方桶式，每层开小窗和长方横形射击孔，正面顶层有锦鲤吐珠排水口。大门外有一排东西走向的排屋带另一座炮楼，此炮楼高三层，天台女墙方桶式，后加建山墙，开有小窗。对研究广府围村和炮楼院的演变有一定价值。

依据2015年专家复查评估意见，仅保留大门外南炮楼及拖屋（20～21号）、门楼（启明门），占地面积203.96平方米。

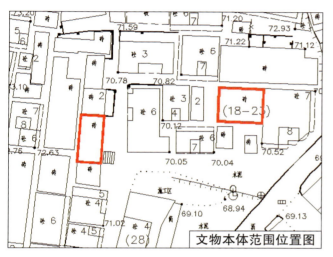

文物本体范围位置图

31. 白坭坑遗址

　　白坭坑遗址位于广东省深圳市龙岗区平湖街道白坭坑社区白坭坑村东北面，平盐铁路从遗址东北面坡下通过，西北约200米处为机荷高速公路大桥，桥下为东深河。遗址所在台地高出东深河与平盐铁路约10米。在遗址地表采集到陶片标本6片，其中2片为印方格纹硬陶，1片为印方格与夔龙组合纹的硬陶，还有3小片印篮纹的夹砂粗陶。从陶片的特征判断此遗址的年代为商周时期。白坭坑遗址的发现，对研究龙岗区的先秦文化有着重要的历史与考古价值。

32. 守真园

守真园位于龙岗区平湖街道凤凰大道凤凰山国家矿石公园。建于 1910 ~ 1913 年，由古墓遗址、莲花池、香火塔、库房、追远阁组成，墓主体包括护墙、月池、墓堂、坟包、墓主碑。莲花池现今只留下池座，基座造型优美，高 0.7 米，底座直径 3.7 米。香火塔高 3.4 米，平面呈不规则八角形。库房双坡屋面，尖山式，有廊道。追远阁主体建筑共五开间，呈拱券式，通长 10.6 米，通深 9.0 米。

甘坑果场场部北遗址位于广东省深圳市平湖街道上木古社区甘坑水库西北角，原甘坑果场场部（现平湖生态园管理处）办公楼北侧后山上，海拔高度 90～100 米，东西长 300 米，南北宽 100 米，面积约 3 万平方米。2000 年深圳市第二次文物普查时发现，并在遗址中部山坡下和近山脊处各开 1 米 ×2 米探沟 1 条，探明文化层厚约 40 厘米，出土和采集了大量战国时期的泥质灰陶片，纹饰有方格纹、夔纹、弦纹、戳印纹等，可辨器形有罐和器座。该遗址年代为春秋战国时期，面积较大，堆积较厚，保存较好，对研究深圳先秦文化具有重要历史价值。

34. 甘坑果场场部东遗址

甘坑果场场部东遗址位于广东省深圳市龙岗区平湖街道上木古社区甘坑水库，原甘坑果场场部（现平湖生态园管理处办公楼）东边400米的一个山丘西坡上，海拔80～90米，南北长500米，东西宽150米，面积约7.5万平方米。2000年深圳市第二次文物普查时发现，并在遗址中部开2米×5米的探沟1条，探明地层堆积厚约1米，分耕土层、战国文化层、春秋战国文化层三层，出土和采集了大量春秋战国时期的泥质灰陶片，纹饰有夔纹、方格纹、弦纹、刻划纹等，器形有瓮、罐、豆、盘等。该遗址年代为春秋战国时期，面积较大，堆积较厚，保存较好，对研究深圳先秦文化具有重要历史价值。现遗址所处的缓坡上已被开垦为梯田式果园，植被茂盛，山上山下修了水泥马路，整个果场被辟为生态园林，仅采集到少量陶片标本。

35. 甘坑水库北岸窑址

甘坑水库北岸窑址位于广东省深圳市平湖街道上木古社区甘坑水库北岸中部一半岛状山丘的南端，紧靠水边，南距水库大坝约 500 米。海拔约 70 米。2000年深圳市第二次文物普查时发现一残陶窑，窑的平面形状为圆形，直径 110 厘米，厚约 5 厘米，高出地表 5 厘米，当时判断为残存的火膛。在窑的周围散布着米字纹和方格纹的泥质灰陶片，器形为罐，饰方格纹的陶片还有刻划符号。因窑址所在地大部分被水库蓄水淹没，故其分布面积不明。窑址的年代为战国时期，对研究深圳先秦时期陶器的制作和烧造技术具有重要价值。此次复查发现窑址所在地植被茂密，灌木丛生，地形地貌保存较好。

36. 甘坑水库宋代遗址

　　甘坑水库宋代遗址位于广东省深圳市龙岗区平湖街道上木古社区甘坑水库西北角，北距平湖生态园管理处约300米。这里在地形上为东西走向山脉的一个朝南山窝，地势平坦，竹木茂盛。在山窝东侧近水库边缘，发现较多宋代瓷片分布，有青瓷和青白瓷，器形有碗、杯、盏等，还有陶质擂钵和酱釉瓷钵。这里的土质土色为灰褐色黏土，明显不同于水库周边的红壤，钻探表明堆积厚约40厘米，分布面积约为810平方米。该遗址的发现对研究宋代深圳居民点的分布状况有重要历史价值。

布 吉 街 道

布吉街道

大芬老围
大芬炮楼院
大芬老屋

凌氏宗祠　南门墩老围

天兴楼
李屋炮楼　善集楼
布吉基督教堂　布吉老圩
凌道扬宅

37. 大芬老屋

大芬老屋位于广东省深圳市龙岗区布吉街道大芬社区大芬村，清末建筑。正面朝南偏东35度，通面阔16米，最大进深14.5米，占地面积约177平方米。砖木结构，村内为排屋，前排有两个祠堂相连，分别为"邬氏宗祠"和"洪氏宗祠"，并于2003年重修，檐口的壁画花鸟人物仍清晰可见。邬氏宗祠为两进，洪氏宗祠面阔三间深三进。

依据2015年专家复查评估意见，保留"邬氏宗祠"和"洪氏宗祠"。

文物本体范围位置图

38. 南门墩老围

南门墩老围位于广东省深圳市龙岗区布吉街道南三社区南门墩上村，清末建筑。面向西南，占地面积约 3250 平方米。由排屋、炮楼和祠堂组成。祠堂位于西北角，面阔三间深三进，通面阔 12 米，进深 15.3 米，现部分被改建。排屋被一条主巷道分为两部分，左右各建四排房屋，均为硬山顶，单间。炮楼位于第一排房屋左侧，高两层，天台女墙方桶式，拖一屋为两开间式。土木结构，房屋顶覆小青瓦，整体结构布局尚存。

按照《关于布吉街道"南门墩老围"不可移动文物名称的复函》（深龙文体旅函〔2014〕18 号），原址原貌保留刘氏宗祠，占地面积约 277.3 平方米。

文物本体范围位置图

深圳市龙岗区不可移动文物名录

39. 凌道扬宅

凌道扬宅位于广东省深圳市龙岗区布吉街道布吉墟社区老墟村，清代建筑。建筑坐东北朝西南，通面宽约为8.32米，通进深约为10.49米，占地面积约82平方米。屋面为硬山顶形制，瓦面为堆瓦作，檐口为圆嘴裹灰形式，正脊为平脊。墙体为三合土夯筑，三合土墙面批白灰，内部墙面为白灰批荡，护角石均有风化，外墙侧立面博风有灰塑。

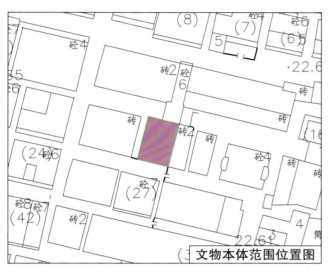

文物本体范围位置图

40. 凌氏宗祠

　　凌氏宗祠位于广东省深圳市龙岗区布吉街道西门街，清代建筑。建筑坐西北朝东南，通面阔约为11.33米，通进深约为9.79米，占地面积约81.7平方米。墙体均为三合土夯筑，外墙侧立面为批白灰，外墙正立面为抹灰画缝，内部墙面为批白灰，护角石局部风化。宗祠内外、立面墙楣、博风均绘有彩绘。屋顶为硬山顶，瓦面为堆瓦作，檐口为圆嘴裹灰形式，后堂与头门屋面正脊为龙船脊。

文物本体范围位置图

41. 布吉基督教堂

布吉基督教堂位于广东省深圳市龙岗区布吉街道布吉墟社区老圩村，中华民国建筑。正面朝南偏西25度，通面宽19米，最大进深11米，占地面积216平方米。正面开一拱门，内凹3.1米，窗户为拱形。顶部凸出部分尖角，为西洋式建筑。红砖和三合土砌墙，顶覆小青瓦。

文物本体范围位置图

42. 善集楼

　　善集楼位于广东省深圳市龙岗区布吉街道布吉社区李屋村西区 13 号，正面朝南偏东 30 度，中华民国建筑。通面阔 21 米，进深 10.5 米，占地面积约 214.9 平方米，由一炮楼拖一屋组成。炮楼高五层，平面呈方形，天台山墙方桶式，四面开有小窗。炮楼第四、第五层正面开横条形射击孔，顶层东西两对角设铳斗，山墙正面书"善集楼"。拖屋四开间，单间两进，用三合土夯筑而成，整体保存较好。

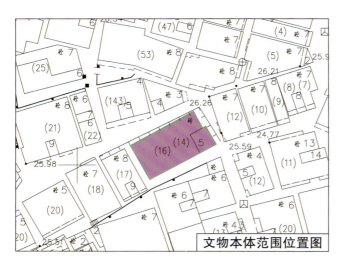

文物本体范围位置图

43. 李屋炮楼

李屋炮楼位于广东省深圳市龙岗区布吉街道布吉社区李屋村，面向东北，中华民国建筑。通面阔6.2米，进深5米，占地面积约35平方米。原为炮楼院，现仅剩一座炮楼。炮楼高四层，平面呈长方形，天台女墙方桶式，顶饰蓝带，顶层东西对角设铳斗，四面开瞭望窗，东面每层开射击孔，用三合土夯筑而成。

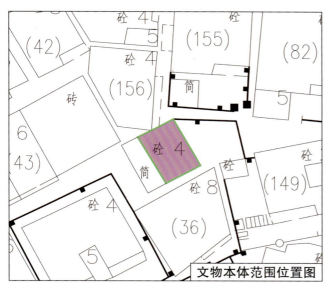

文物本体范围位置图

44. 天兴楼

天兴楼位于广东省深圳市龙岗区布吉街道布吉社区何屋村，正面朝南偏东30度，通面阔32米，进深11.5米，建筑占地面积约360平方米，中华民国建筑。由炮楼拖屋组成。炮楼位于拖屋中间，高五层，平面呈方形，天台女墙方桶式，顶饰蓝带红边，顶层四面设铳斗，正面顶部书"天兴楼"，四面开有小窗。左侧房屋面阔三间，两进式单元房结构；右侧房屋为四开间，脊饰博骨，檐口精美木刻。有一外门楼，整体结构尚存。天兴楼布局结构独具特色，对研究本地区炮楼院建筑的形制演变具有重要价值。

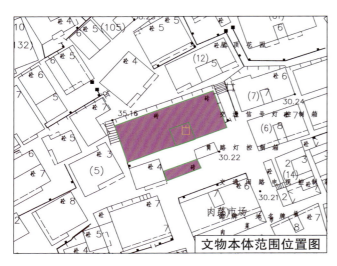

文物本体范围位置图

45. 布吉老圩

布吉老圩位于广东省深圳市龙岗区布吉街道布吉墟社区老圩村，正面朝南偏西10度，占地面积21600平方米，中华民国建筑，由炮楼和排屋组成。炮楼六座，主要位于东北角和东南角。东北角的三座炮楼分别高五层和六层，五层炮楼为天台栏墙方桶式；六层炮楼为天台女墙方桶式，顶层东西对角设铳斗，四面开窗。东南角炮楼高三层，天台女墙方桶式带枪眼口。排屋由南至北依次排列，结构以三间两廊和硬山顶单间为主，均高两层，整体保存一般。

按照2015年专家复查评估意见，保留六座炮楼，占地面积1016.5平方米。

文物本体范围位置图

46. 大芬炮楼院

大芬炮楼院位于广东省深圳市龙岗区布吉街道大芬社区大芬村，正面朝东南，通面阔17米，进深8米，占地面积约120.5平方米，中华民国建筑。一炮楼拖一屋组成。炮楼高四层，天台女墙方桶式，平面呈方形，四面每层开竖条形枪眼，顶层四面居中设铳斗。拖屋为三开间，硬山顶单元式结构，开一门，额书"兰桂腾芳"，檐口壁画。

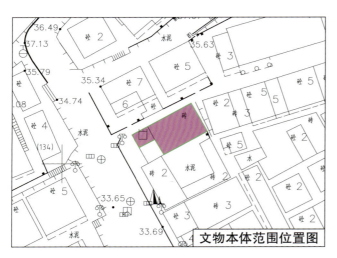

文物本体范围位置图

47. 大芬老围

大芬老围位于广东省深圳市龙岗区布吉街道大芬社区大芬村，正面朝南偏西30度，通面阔32.4米，最大进深22米，占地面积约386平方米，中华民国建筑，村内有一排屋和两炮楼，均用三合土筑墙。炮楼平面呈方形，天台女墙方桶式，顶饰红带，最高层西面居中设铳斗，南、北两面有锦鲤吐珠排水口，四面开小窗。炮楼前面有一排单间结构的排屋，部分被改造。东侧有一座高三层的小炮楼，天台女墙方桶式。

按照2015年专家复查评估意见，保留两座炮楼，占地面积约56.9平方米。

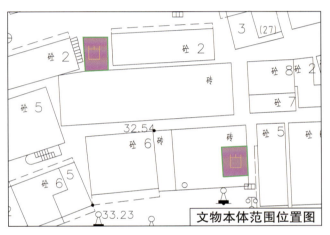

文物本体范围位置图

吉华街道

甘坑炮楼院

吉华街道

上水径老屋

祥瑞楼

48. 祥瑞楼

祥瑞楼位于广东省深圳市龙岗区吉华街道水径社区石龙坑村，坐西南朝东北，建筑占地面积234.3平方米，中华民国时期建筑。一炮楼拖两排屋布局，炮楼底平面略呈长方形，长4.9米，宽4.1米。高四层，土木结构。在每层的左右开窗，第四层四面设长方形射击孔。顶部前后为女墙，左右向上凸出成镬耳山墙。顶部外墙四周涂了一宽大的红色带，上下留黑色边框，在顶部四角及四面中间饰有倒山花图案。炮楼右侧拖两排排屋，为斗廊齐头三间两廊结构，拖屋倒塌较多。

按照《关于吉华街道石龙坑片区更新单元计划文物保护意见的复函》（深龙文体旅函〔2017〕67号），保留祥瑞楼。

文物本体范围位置图

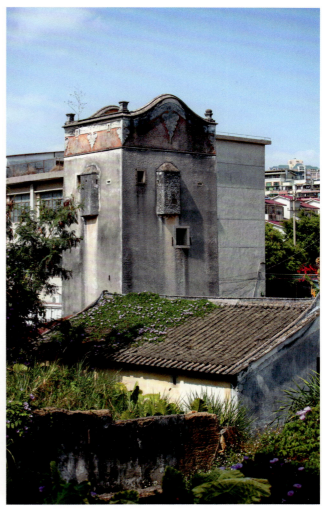

49. 上水径老屋

　　上水径老屋位于广东省深圳市龙岗区吉华街道水径社区上水径老围村，清末时期建筑。正面朝南偏东35度，占地面积2125平方米。由排屋和炮楼组成，排屋由东至西依次排列成五排，房屋都为硬山顶单间结构。炮楼位于第一排房屋东南侧，高四层，平面呈方形，天台女墙方桶式，顶部东北和西南两对角设铳斗，部分房屋已改建。整体保存尚可，对研究本地区炮楼院的演变有一定价值。

　　依据2015年专家复查评估意见，保留炮楼，占地面积23.7平方米。

文物本体范围位置图

坂田街道

象角塘老围

坂田街道

就昌楼
坂田老围（昌尧楼）

杨美炮楼院

50. 坂田老围

坂田老围位于广东省深圳市龙岗区坂田街道坂田社区坂田村，清末时期建筑。正面朝南偏东45度，建筑占地面积9000平方米。由排屋、炮楼和祠堂组成。祠堂位于前排中轴线上，面阔三间两进，正门额书"拔英张公祠"，以祠堂为中心，后部不规则的建数排房屋，以齐头三间两廊结构为主。炮楼位于西南角，高四层，平面呈方形，天台女墙方桶式，顶饰蓝白相间带，正面顶部书"某某楼"，已分辨不清，顶层四面中设铳斗，开射击孔。房屋大部分由三合土夯筑而成，整体保存一般。原居民以张姓为主，讲客家方言。村内房屋部分改建，周边以现代民居建筑为主。

按照《坂田自然村片区城市更新单元旧屋村范围内文物保护意见的复函》（深龙文体旅函〔2013〕122号），保留昌尧楼炮楼，占地面积21.5平方米。

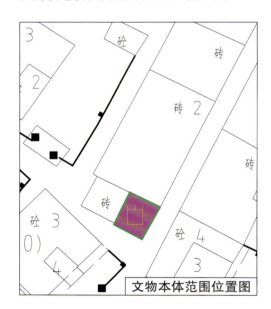

文物本体范围位置图

51. 象角塘老围

象角塘老围位于广东省深圳市龙岗区坂田街道雪象社区象角塘村，清末民国时期建筑。面向西北，通面阔 85 米，进深 45 米，建筑占地面积为 3825 平方米。由炮楼、排屋组成老屋村整体。一条东西主巷道左右各建四排房屋，第一排房屋为硬山顶单间结构，二排为斗廊齐头三间两廊结构。炮楼有两座，其一位于第一排房屋左侧，高四层，平面呈方形，天台山墙方桶式，顶饰红带，顶部四面居中设铳斗；其二位于后排房屋左侧，高四层，平面呈方形，天台女墙方桶式，四面开窗。

按照《关于坂田街道杨美老屋村及象角塘老屋村文物意见的复函》（深龙文体旅函〔2013〕148 号），原址原貌保留象角塘老屋村南区 14 号 1～3 号炮楼及拖屋，占地面积为 159 平方米。

文物本体范围位置图

52. 就昌楼

就昌楼位于广东省深圳市龙岗区坂田街道坂田村内，正面朝南偏东30度，通面阔17.7米，进深11米，建筑占地面积约315平方米，民国时期建筑，由炮楼拖一屋组成整体，土木结构。炮楼位于左侧，高五层，平面呈长方形，天台女墙方桶式，顶饰红带，正面书"就昌楼"，顶层四面居中设铳斗，第三层以上有横条形射击孔。拖屋五行脊、拱形外廊，西洋式风格，高两层，比炮楼向外凸出2.5米，整体结构尚存。

按照《坂田自然村片区城市更新单元旧屋村范围内文物保护意见的复函》（深龙文体旅函〔2013〕122号），保留就昌楼及三间拖屋。

文物本体范围位置图

53. 杨美炮楼院

杨美炮楼院位于广东省深圳市龙岗区坂田街道杨美社区，正面朝南偏西45度，通面阔21米，进深9米，占地面积约279平方米，中华民国建筑，一炮楼拖一屋组成。炮楼高五层，平面呈方形，天台山墙方桶式炮楼，顶饰红带，山墙处成波浪形，顶层四面居中设铳斗，开射击孔，四面开小窗。拖屋四开间，硬山顶，单元式结构，高两层，整体保存尚可。

按照《关于坂田街道杨美自然村城市更新单元拆除范围内文物保护事宜意见的复函》（深龙文体旅函〔2019〕56号），保留杨美炮楼院。

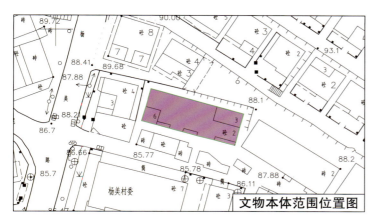

文物本体范围位置图

南湾街道

上李朗炮楼院

大峯埔老屋村

田心围屋

丹竹头西炮楼院

竹头吓炮楼院　　丹竹头南炮楼院

南岭围

俊千学校　　厦园炮楼

南岭炮楼　　观祥古寺

南岭炮楼院　　桂花学校

樟树布炮楼

54. 竹头吓炮楼院

竹头吓炮楼院位于广东省深圳市龙岗区南湾街道丹竹头社区，正门朝南偏东10度，建筑占地面积约为4875平方米，清末时期建筑，一炮楼和排屋组成整体布局。排屋由南至北依次排列成四排，前三排为斗廊齐头三间两廊结构，第四排为硬山顶单间两进结构，高两层，均用三合土夯筑而成。炮楼位于后面，高五层，平面呈方形，天台女墙方桶式，四面开瞭望窗及射击孔，第四层东南角和西北角设铳斗，北面顶部有两锦鲤吐珠排水口。

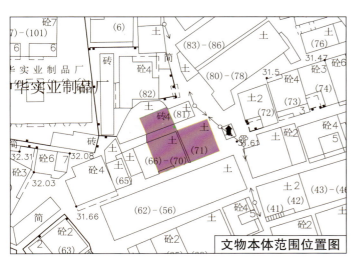

文物本体范围位置图

55. 田心围屋

　　田心围屋位于广东省深圳市龙岗区南湾街道上李朗社区田心围，坐北朝南，通面阔50米，进深44米，占地面积约1874平方米，清末时期建筑。正面开三门，正门内凹0.5米，左右各开一门，东门朝西南，西门朝东南。围内共有四排房屋，都为硬山顶三间两廊结构，高两层深两进，整体结构布局尚存，正对大门通道上方建有一方形炮楼，这种布局在本地区仅见此一例，对研究本地区客家围屋的形制演变具有重要价值。

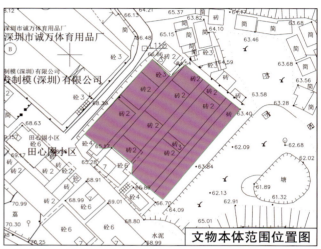

文物本体范围位置图

56. 大輋埔老屋

大輋（shē）埔老屋位于广东省深圳市龙岗区南湾街道上李朗社区大斜埔村，坐北朝南，占地面积约1322平方米，清末民初时期建筑，由数排房屋和炮楼组成老屋村整体。炮楼位于第一排房屋东侧，高五层，平面呈方形，天台女墙方桶式，四面开有小窗。炮楼第四层东南和西北两对角设铳斗。炮楼顶部饰蓝白相间带，正面有两个锦鲤吐珠排水口。排屋从南至北依次排列成四排，多为齐头三间两廊结构，均用三合土夯筑而成，顶覆小青瓦。整体保存现状一般，对研究本地区炮楼院的发展演变有一定价值。

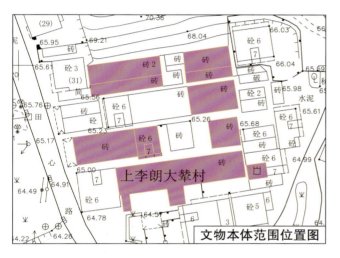

文物本体范围位置图

上李朗大輋村

57. 南岭炮楼院

南岭炮楼院位于广东省深圳市南湾街道南岭社区，面向东北，占地面积约265.7平方米，中华民国建筑，由两座炮楼拖一屋组成整体。炮楼一位于东南侧，高五层，平面呈方形，天台女墙方桶式炮楼，四面开有瞭望窗，顶层东西两对角设铳斗，开竖条形射击孔。另一炮楼位于西北角，高三层，平面呈方形，素瓦坡式炮楼，开有小窗。拖屋五开间，硬山顶，单元式结构，高两层，檐口壁画诗词、花鸟，整体保存一般。

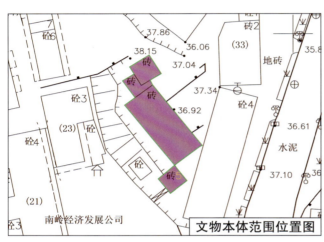

文物本体范围位置图

58. 樟树布炮楼

樟树布炮楼位于广东省深圳市龙岗区南湾街道樟树布社区，正门朝北偏东 25 度，通面阔 13 米，进深 7 米，建筑占地面积约 35.59 平方米，中华民国建筑，一炮楼拖一屋组成整体。炮楼高五层，平面呈方形，瓦坡顶加建天台栏墙方桶式，四面开有瞭望窗和横条形射击孔。炮楼第四层处东南角和西北角对角设铳斗。房屋两开间，硬山顶，单元式结构，其一廊屋改建成炮楼。

按照《关于南湾街道樟树布旧村改造项目旧屋村范围内文物保护事宜的复函》（深龙文体旅函〔2012〕61 号），原址原貌保留樟树布炮楼。

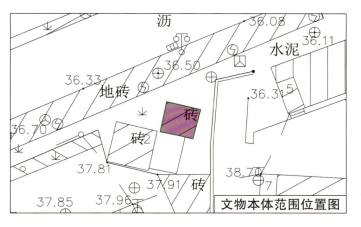

文物本体范围位置图

59. 厦园炮楼

    厦园炮楼位于广东省深圳市龙岗区南湾街道厦村社区，坐东朝西。通面阔20米，进深11米，占地面积约266.3平方米，中华民国建筑，一炮楼拖一屋组成整体结构。炮楼位于北侧，高四层，平面呈长方形，天台山墙方桶式炮楼，顶层四面居中设铳斗，四面开窗，第三层处开横条形射击孔。拖屋四开间，斗廊齐头三间两廊结构，正面顶部有山墙，脊饰博古。

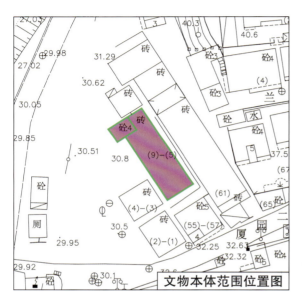

文物本体范围位置图

60. 桂花学校旧址

桂花学校旧址位于广东省深圳市龙岗区南湾街道厦村社区，整座建筑面向西南，通面阔 10.5 米，进深 7 米，占地面积约为 69.9 平方米，中华民国建筑，一炮楼拖一屋组成整体。炮楼高四层，平面呈方形，天台女墙方桶式炮楼，顶部饰蓝白相间带。第三层西北、东南面两对角设铳斗，四面开瞭望窗。每层开长方横形射击孔。拖屋仅剩一门楼，门额书"桂花学校"四字。

文物本体范围位置图

61. 丹竹头西炮楼院

丹竹头西炮楼院位于广东省深圳市龙岗区南湾街道丹竹头社区，面向东南，建筑占地面积约为982.6平方米，中华民国建筑，一炮楼拖三排房屋组成炮楼院整体。炮楼位于北侧，高四层，平面呈方形，天台女墙方桶式炮楼，四面开瞭望窗和长方横形射击孔。拖屋均为九开间，由西到东依次排列，二进式单元房结构。廊屋开有门，带门罩，脊饰博古，均用三合土夯筑而成。

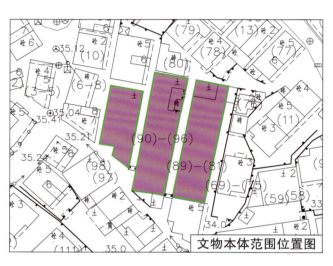

文物本体范围位置图

62. 丹竹头南炮楼院

丹竹头南炮楼院位于广东省深圳市龙岗区南湾街道丹竹头社区，朝正南方向，占地面积约1322平方米，中华民国建筑，由两炮楼和数排房屋组成炮楼院整体布局。炮楼分别位于西南角和东北角。东北角炮楼坐北朝南，高五层，平面呈方形，天台女墙方桶式，第四层处东南和西北两对角设铳斗，四面开有瞭望窗；西南角炮楼坐西北面东南，高五层，平面呈方形，天台女墙方桶式，顶饰蓝带，第四层处南北两对角设铳斗，四面开瞭望窗。排屋主要集中在西南炮楼后侧，一条主巷道分隔，依次排列成五排，硬山顶，三间两廊结构，高两层，均用三合土夯筑而成。

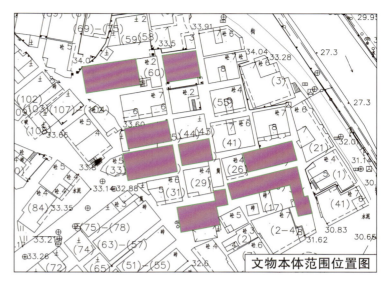

文物本体范围位置图

63. 上李朗炮楼院

上李朗炮楼院位于广东省深圳市龙岗区南湾街道上李朗社区，正门朝南偏东10度，占地面积约为204.2平方米，中华民国建筑，一炮楼拖一屋组成，通面阔20.7米，进深10.2米。拖屋四开间，硬山顶，单元房结构，高两层深两进，檐口有壁画，但已遭破坏。炮楼位于东侧，高四层，天台女墙方桶式炮楼，顶饰蓝黑相间带，四面开窗。第二层处开长方横形射击孔，整体保存状况一般。

文物本体范围位置图

横岗街道

茂盛世居●

横岗街道

和悦老围●
● ●南州世居
龙塘炮楼院● 塘坑围屋
● ●塘坑炮楼
深坑炮楼院● 康福堂

64. 和悦老围

　　和悦老围位于广东省深圳市龙岗区横岗街道横岗社区和悦村，通面阔 110 米，进深 49 米，占地面积 5150 平方米，清代建筑，由祠堂、角楼、房屋组成。一条南北走向的围墙将其分隔成两部分，左边为四角楼和一围建筑，正面开一石拱券门，上额书"宜安"二字。四角楼现存三座，东南角楼已不存或未建起，西南角楼为瓦坡腰檐式，高三层，东北炮楼为素瓦坡顶式，高两层。中部为祠堂，面阔三间深两进，正门书"玉公祠"，檐口饰山水、人物的壁画、木刻等，祠堂为穿斗式和抬梁式相结合梁架。右边正门开一石拱券门，额书"桐冈"二字，由南北巷道分隔左右各建两排房屋，斗廊齐头三间两廊式结构。整体布局尚存，建筑结构保存现状一般。

　　按照《关于征求横岗社区中心片区申报城市更新计划相关意见的函的复函》（深龙文体旅函〔2017〕242 号），保留和悦老围祠堂及右侧两座房屋、门楼，占地面积 1658 平方米。

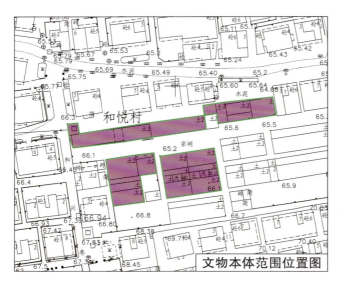

文物本体范围位置图

65. 塘坑围屋

　　塘坑围屋位于广东省深圳市龙岗区横岗街道六约社区塘坑村，面向西南，通面阔50米，最大进深80米，建筑占地面积2400平方米，清代建筑。正面开三门，正门高起0.5米，脊饰博古。围屋内共由四排房屋组成，由一条东西走向的巷道分隔，左右各建四排，为硬山顶单间式，也有部分为硬山式单元房结构。祠堂位于南面第三排房屋内，单间，已无人使用。北横屋部分改建，其他房屋保存尚可，原有的月池已填平。整体结构布局仍可见，塘坑围属排屋围，居民为客家人，为研究客家民居的演变具有重要意义。

　　按照《横岗六约社区塘坑城市更新项目文物保护的复函》（深龙文体旅函〔2013〕147号）和《关于龙岗区横岗六约塘坑片区城市更新单元规划意见的复函》（深龙文体旅函〔2016〕42号），保留塘坑围屋中35号（刘氏宗祠）、43号（朱氏宗祠）以及塘坑围屋围正门门楼，占地面积487平方米。

文物本体范围位置图

66. 塘坑炮楼

塘坑炮楼位于广东省深圳市龙岗区横岗街道六约社区塘坑村，坐东南面西北，通面阔18米，进深13.5米，占地面积约210平方米，民国早期建筑，由一炮楼和一拖屋组成整体。炮楼位于拖屋左侧，高三层，平面呈正方形，天台女墙方桶式，四面开有小窗，炮楼第三层东北面开竖条形枪眼。拖屋三开间，为硬山顶单间，屋顶已盖起铁皮，周边有围墙，开一拱形小门。

依据2019年专家复查评估意见，保留塘坑炮楼筒体，占地面积约19.3平方米。

文物本体范围位置图

67. 深坑炮楼院

深坑炮楼院位于广东省深圳市龙岗区横岗街道六约社区深坑村，通面阔25米，最大进深13米，建筑占地面积约232平方米，朝东偏南15度，清末民初时期建筑，由一炮楼拖一屋组成。炮楼位于拖屋右侧，高四层，平面呈长方形，天台山墙方桶式炮楼，四面开小窗和射击孔，顶层北面有两个锦鲤吐珠排水口。拖屋六开间，硬山顶单间，均用三合土筑墙，顶覆小青瓦。拖屋前部加建了水泥建筑，整体保存较差。

按照《关于横岗街道六约片区旧屋村更新改造范围内文物保护事宜的复函》（深龙文体旅函〔2012〕87号），保留深坑炮楼院炮楼，占地面积约12.7平方米。

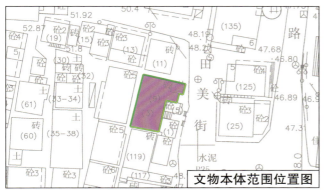

文物本体范围位置图

68. 南州世居

南州世居位于广东省深圳市龙岗区横岗街道横岗社区南塘村，坐东南面西北，通面阔 35 米，进深 23 米，占地面积 557 平方米，中华民国建筑，由一炮楼院和一排屋组成。炮楼位于东南面，高五层，平面呈方形，天台女墙方桶式，顶部东西两角各有一铳斗，四面哑铃形和竖条形射击孔。拖一屋九开间，单元式结构。其他房屋均为硬山顶，三合土墙。

按照《关于征求横岗社区中心片区申报城市更新计划相关意见的函的复函》（深龙文体旅函〔2017〕242 号），保留南州世居炮楼，占地面积 33.3 平方米。

文物本体范围位置图

69. 康福堂

康福堂位于广东省深圳市龙岗区横岗街道六约社区塘坑村，坐东南面西北，通面阔 28.5 米，进深 10.5 米，建筑占地面积约 626 平方米，中华民国建筑。土石木结构，房屋七开间，开三门，正门书"康福堂"三字，左右两门各书"自由"和"幸福"。房屋檐口饰壁画花鸟，高两层，硬山顶，单元式结构。围墙左右两侧各开一山墙形地麻石门，整体保存较好。

康福堂这种单元式排屋，也叫内凹肚式排屋，有别于斗廊式排屋。是本地区清末民国以来比较流行的一种民居类型。

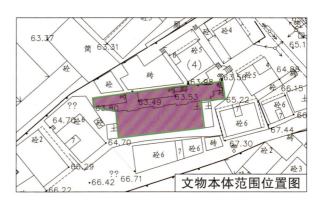

文物本体范围位置图

70. 龙塘炮楼院

龙塘炮楼院位于广东省深圳市龙岗区横岗街道六约社区龙塘村，正门朝南偏东10度，建筑占地面积420平方米，民国时期建筑，由炮楼和排屋组成炮楼院的整体。排屋前有一门楼，三合土墙，覆小青瓦，檐枋饰花鸟、诗词等壁画。排屋三开间、三进。前排房屋檐口饰精美浮雕、博古脊。炮楼位于排屋右侧10米处，天台栏墙方桶式炮楼，高四层，平面呈方形，四面开窗带窗罩，竖条形枪眼口，东面顶部有两鱼形排水口。连接炮楼的房屋已拆，炮楼院整体保存一般，仅炮楼保存较好。

按照《关于横岗街道六约北片区龙塘片区城市更新单元拆除用地范围内文物保护意见的复函》（深龙文体旅函〔2017〕209号），保留龙塘炮楼院炮楼，占地面积61.4平方米。

文物本体范围位置图

园山街道

龙口老屋
荷坳炮楼

大福老围

园山街道

大万围屋
上中老屋
东升围屋
下中老屋 凤山围屋
马五罗氏老围

大康福田世居

七村炮楼院

三村老围
西坑宝塔
西坑围屋 李家园
屋角头围屋
西坑沙背坜炮楼院

杨槐庄墓葬群

71. 上中老屋

上中老屋位于广东省深圳市龙岗区园山街道大康社区上中村，清代建筑。坐西朝东，占地面积296平方米。由一座炮楼和几排房屋组成整体，炮楼位于北面，高三层，瓦坡腰檐式，四面开有小窗，南面开横条形射击孔，西面青砖砌墙。村内有一口古井，房屋为硬山顶单间，清初时期建筑，整体保存一般。

按照2019年专家复查评估意见，保留上中老屋炮楼，占地面积21.5平方米。

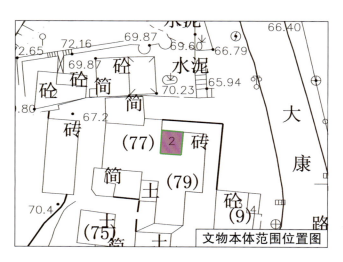

文物本体范围位置图

72. 大康福田世居

大康福田世居位于广东省深圳市龙岗区园山街道大康社区福田村，清代建筑。坐东北面西南，通面阔72米，进深51米，占地面积约3672平方米。由横屋、排屋、月池和围屋组成整体。福田世居正面开三门，正门匾额书"福田世居"四字，其他两门通往横屋的巷道。祠堂位于左侧，三开间两进，正门书"圣公祠"。后堂以石柱顶梁，穿斗式和抬梁式相结合梁架，檩梁浮刻花草，檐枋木刻清晰，已无人使用。三条东西走向的巷道将排屋分为四部分，排屋为齐头三间两廊和硬山顶单间居多。福田世居属排屋围，对研究本地区民居建筑的演变有重要价值。

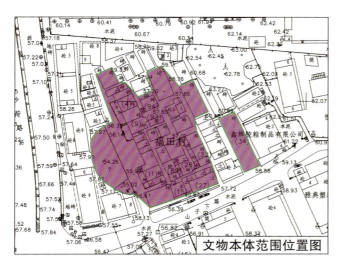

文物本体范围位置图

73. 下中老屋

下中老屋位于广东省深圳市龙岗区园山街道大康社区下中村，清代建筑。坐西南面东北，通面阔 38 米，进深 45 米，占地面约 1434 平方米。原为客家围屋，现仅剩祠堂和一排屋。祠堂位于东南面，三开间两进，北边有一外门楼，排屋为九开间，斗廊齐头三间两廊结构。檐口所饰山水花鸟壁画、木刻等仍可见，其他房屋已基本不存，土木结构，整体保存状况较差。

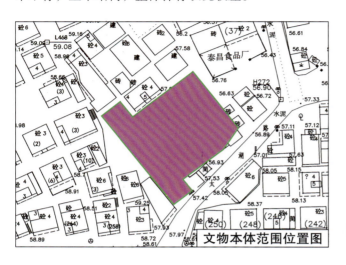

文物本体范围位置图

74. 大万围屋

　　大万围屋位于广东省深圳市龙岗区园山街道大康社区大万村，清代建筑。坐东朝西，通面阔88米，进深57米，占地面积约3852平方米。由数排房屋、炮楼、横屋组成。一排为倒座，开三大门和两个小门，正大门书"大万"二字，两小门正对横屋的巷道。村内房屋由三条东西走向的巷道分隔成四部分，依次排列成三排，斗廊齐头三间两廊结构，三合土夯筑而成。炮楼位于西北角，高四层，天台女墙方桶式，南面书"崇安楼"，外墙已改。东南角房屋部分改建，整体结构布局尚存。大万围屋平面布局亦属排屋围，对研究本地区民居建筑的发展演变有重要价值。

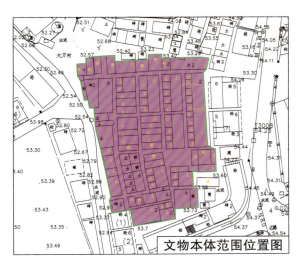

文物本体范围位置图

75. 七村炮楼院

　　七村炮楼院位于广东省深圳市龙岗区园山街道安良社区七村，清末建筑。面向西北，通面阔 41 米，进深 12 米，占地面积约 471 平方米。由炮楼拖两排屋组成。炮楼位于东北角，天台女墙方桶式，高四层，顶饰蓝红相间带，四面开窗。拖屋三开间，齐头三间两廊，檐口饰博古，西面廊屋有两个鱼形排水口，檐枋饰人物山水壁画等。另一拖屋七开间，齐头三间两廊结构，脊饰博古，南面有鱼形排水口，整体保存一般。

　　按照《关于征求园山街道安良社区安良七村片区申报城市更新单元计划相关意见的复函》（深龙文函〔2019〕260 号），原址原貌保留七村炮楼院炮楼及拖屋，占地面积约 196 平方米。

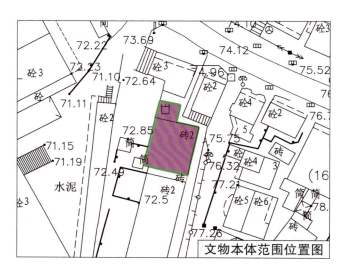

文物本体范围位置图

76. 三村老围

　　三村老围位于广东省深圳市龙岗区园山街道西坑社区三村，清末民国建筑。坐东北面西南，通面阔56.5米，进深37.5米，建筑占地面积约为1850平方米，由数排房屋组成老屋村的整体。由一条主巷道分隔左右各建三排，左侧为三开间，右侧为五开间，硬山顶，单元房结构，带阁楼，檐口饰人物、花鸟等壁画，脊饰博古，均用三合土夯筑而成。整体保存尚可，此类排屋结构对研究本地区的民居演变有参考价值。

　　按照《关于区城市更新局征求园山街道西坑片区GX01城市更新单元拆除用地范围内文物保护事宜意见的复函》（深龙文体旅函〔2019〕51号），原址原貌保留三村老围"贤德堂"一排屋，占地面积约为322平方米。

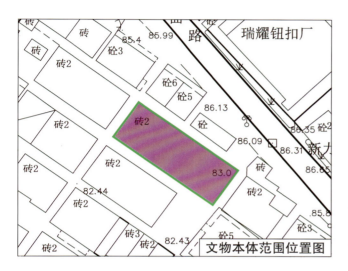

文物本体范围位置图

77. 李家园

李家园位于广东省深圳市龙岗区园山街道西坑社区太围路，清末民国时期建筑。面向东南，通面阔 40 米，进深 27 米，占地面积约 632 平方米。由一外门楼和数排房屋组成，外门楼用麻石砌门，额书"李家园"三字。园内房屋坐南朝北，依次排成三排，硬山顶单间，三合土墙。部分房屋倒塌或改建，整体保存一般。

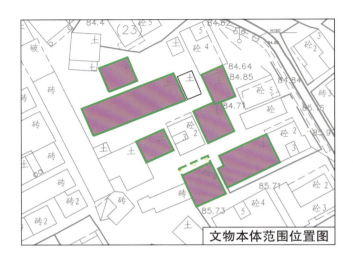

文物本体范围位置图

78. 西坑沙背坜炮楼院

　　西坑沙背坜炮楼院位于广东省深圳市龙岗区园山街道西坑社区沙背坜村，清末时期建筑。坐西南面东北，通面阔36米，进深9米，占地面积约312平方米，一炮楼拖一屋布局。炮楼位于西北侧，高四层，平面呈长方形，天台女墙方桶式。东、西两角各设一个铳斗，开竖条形射击孔，东北面顶部饰两个锦鲤吐珠排水口，加蓝红相间带。拖屋七开间，硬山顶三间两廊结构，高两层，檐口饰人物、山水、诗词等壁画。房屋最大进深11米，均用三合土夯筑而成，整体保存较好。

　　根据檐下壁画题记可知其建造年代为1895年，因此沙背坜炮楼是本地有明确纪年的年代最早的天台顶式炮楼，对研究本地区炮楼院这一民居形式的演变有重要价值。

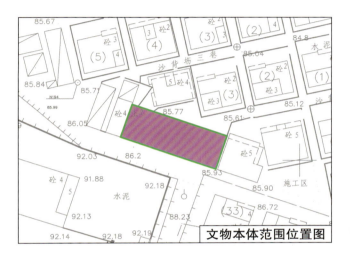

文物本体范围位置图

79. 屋角头围屋

　　屋角头围屋位于广东省深圳市龙岗区园山街道西坑社区屋角头村，民国时期建筑。正面朝北偏西 20 度，通面阔 43 米，进深 30 米，占地面积 1286 平方米。由三排房屋和炮楼组成老屋村整体。西边排屋由北向南排列，第一排房屋七开间，硬山顶，高两层。土木结构，条石门框，正门书"裕安堂"，檐口饰有清晰壁画山水、花鸟等。最大进深 11 米，脊饰博古；第二排也是七开间，高三层，硬山顶，脊饰博古。炮楼位于西北面，高五层，天台女墙方桶式，顶部东北、西南两角设铳斗，开竖条形射击孔，与之相邻的排屋有九开间，檐口饰精美木刻，廊屋开横条形枪眼口。炮楼及拖屋整体保存较好。

　　按照《关于区城市更新局征求园山街道西坑片区 GX01 城市更新单元拆除用地范围内文物保护事宜意见的复函》（深龙文体旅函〔2019〕51 号），原址原貌保留"福寿康宁""瑞瑶居"和"福从天降"一排两组七开间和九开间共十六间房屋。

80. 东升围屋

东升围屋位于广东省深圳市龙岗区园山街道保安社区马六村，民国时期建筑。面向东南，建筑占地面积4056平方米，三堂两横带四角楼结构，通面阔60米，最大进深40米。祠堂位于中轴线上，正门书"永彩李公祠"，屋脊饰精美灰塑，单间三进。中堂开圆形门。两座炮楼分别位于东南和东北角，高四层，平面呈长方形，天台女墙方桶式，四面开窗带弧形窗罩，顶层带两个鱼形排水口。外门楼和照墙将两炮楼连接在一起，外门楼为石拱券门，书"东升"二字。围内房屋为斗廊齐头三间两廊结构，檐枋饰人物、花鸟壁画，脊饰博古。北横屋中部不存或未被建起，整体结构布局尚存，保存尚可。东升围屋是民国时期的客家围代表，对研究本地区客家围演变有重要价值。

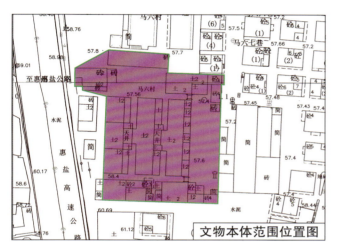

文物本体范围位置图

81. 荷坳炮楼

　　荷坳炮楼位于广东省深圳市龙岗区园山街道荷坳社区荷坳村,民国时期建筑。面向西南,通面阔 13 米,进深 9.5 米,建筑占地面积 116.2 平方米。天台女墙方桶式炮楼,高四层,四面开有小窗,每层开横条形射击孔。拖屋为两开间,齐头式房屋。正面有两个锦鲤吐珠排水口,带门罩,刻有花鸟浮雕。整体保存较好。

文物本体范围位置图

82. 龙口老屋（兰桂书室）

龙口老屋位于广东省深圳市龙岗区园山街道荷坳社区龙口村，现存房屋位于东南，清末民初时期建筑。面向东北，占地面积 385 平方米。由数排房屋组成老屋村的整体，北面房屋面阔三间，匾额书"兰桂书室"四字，通面阔 15 米，进深 11 米，书室明间呈"凹"式，檐口用鸡胸椽，明间檐板浅浮雕鸟、梅花等，次间前檐用雕有人物故事砖封檐，充满书香气息，后部居室宽三间。东南面房屋有三排，齐头式并带有门罩，门罩所饰精美人物、花鸟等灰塑清晰可辨。正面用青砖砌墙，脊饰博古。2019 年，龙岗区政府对龙口老屋进行修缮。

文物本体范围位置图

83. 大福老围

大福老围位于广东省深圳市龙岗区园山街道保安社区大福村，清代建筑。坐西北面东南，建筑占地面积3345平方米，由祠堂、炮楼和数排房屋组成老屋村。祠堂位于中部，面阔三间三进，最大进深33米，正门书"陈氏宗祠"。中堂为穿斗式和抬梁式相结合梁架结构，迎门上书"聚星堂"。前后出廊，廊屋也为穿斗式和抬梁式结合梁架，檐口壁画人物、山水等。陈氏宗祠于2002年重修，所以保存较好，木雕壁画等较清晰。以祠堂为中心，周边建数排房屋，斗廊以齐头和尖头的三间两廊结构为主。均用三合土夯筑而成。炮楼位于东北角，高四层，天台女墙方桶式，四面开小窗和横条形射击孔。除祠堂保存较好外，其他房屋保存一般。

按照《关于横岗街道保安社区大福旧村城市更新单元旧屋村文物保护事宜的复函》（深龙文体旅函〔2013〕19号），保留陈氏宗祠、炮楼及拖屋和定麟堂，占地面积738.6平方米。

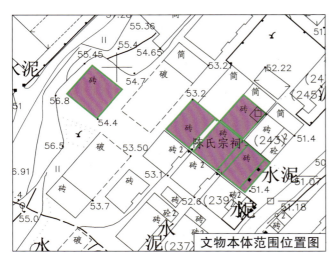

文物本体范围位置图

84. 马五罗氏老围

马五罗氏老围位于广东省深圳市龙岗区园山街道保安社区马五村，面向东北，占地面积 1137 平方米，清末时期建筑。原为客家围屋建筑，现仅剩几排房屋和东角楼。祠堂位于中轴线上，面阔三间三进，面宽 4 米，进深 7 米，大门书"罗氏宗祠"，檐枋饰人物花鸟雕刻、壁画、脊饰博骨、灰雕等。东南横屋尚存，高两层，青砖砌墙，保存较好。角楼位于东面，瓦坡腰檐式，高三层，平面呈正方形，四面开小窗和竖条形射击孔，整体保存状况一般。

按照《关于征求园山街道保安社区马五村申报城市更新单元计划相关意见的复函》（深龙文函〔2019〕32 号），原址原貌保留马五罗氏老围，占地面积 948.4 平方米。

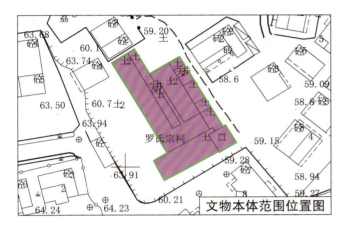

文物本体范围位置图

85. 凤山围屋

凤山围屋位于广东省深圳市龙岗区园山街道大康社区大凤村，清代建筑。坐西南面东北，通面阔 64.5 米，进深 45 米，占地面积约 5634 平方米。建筑为三堂两横一围布局，土木结构，正面开一门。祠堂位于中轴线上，面阔三间三进，廖姓人家，中堂迎门书"兰桂胜芳"。祠堂于 2002 年 1 月重修，保存较好。两横屋已塌或改建，房屋为斗廊齐头三间两廊结构，檐口木刻仍清晰，保存状况一般。

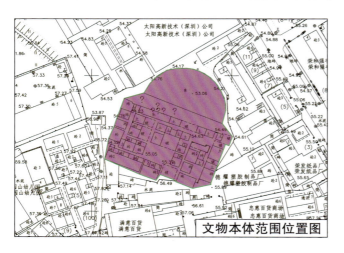

文物本体范围位置图

86. 石肚龙遗址

石肚龙遗址位于广东省深圳市龙岗区园山街道西坑社区石肚龙水库入口东侧山下菜地。这里从地形上看是叫仔山西北坡的山脚，山下现已平整为平盐铁路横岗站的西坑堆场，堆场的河对岸为平盐铁路。遗址所在地是一个内湾的山洼地，现已被开垦为阶梯状的菜地。在菜地的高处台地上采集到 6 片印纹硬陶片，其中 2 片为方格纹，1 片为云龙纹，1 片为太阳花纹，1 片只见弦纹，还有 1 片为素面。从陶片的质地与花纹看，其时代应是西周至东周时期。此遗址的调查发现，为研究龙岗区先秦文化提供了新资料，具有较高的历史与考古价值。

雷公坑遗址位于广东省深圳市龙岗区园山街道西坑社区雷公坑。雷公坑是叫仔山东南坡下的一个山洼地，原先有村庄，改革开放后迁往新的居民小区，现在被开垦为菜地。在雷公坑西侧山坡的第三级菜地，紧靠山坡上龙眼果园的断面上，采集到陶片若干，并可以看见文化堆积层厚约 40 ～ 80 厘米。另外在第二级台地的断面上发现有 4 ～ 5 米长的黄褐色略带红色土色的文化层，厚约 15 ～ 20 厘米，并向菜地内延伸，这一带可能是遗址的中心点。面积有 3000 多平方米。采集到的陶片有泥质红陶、泥质灰陶和夹砂红陶、夹砂灰陶，纹饰有夔龙纹、方格纹、素面等，另采集到残石器一件，似为斧、锛之残件，时代特征为东周时期。雷公坑遗址处于叫仔山的东北坡，距叫仔山西北坡的石肚龙遗址 250 米远，相隔一个山脊，但地形条件比石肚龙遗址更好，并且发现有明显的文化层堆积，应是此地区同时期文化的一个中心，具有较高的历史与考古价值。

132

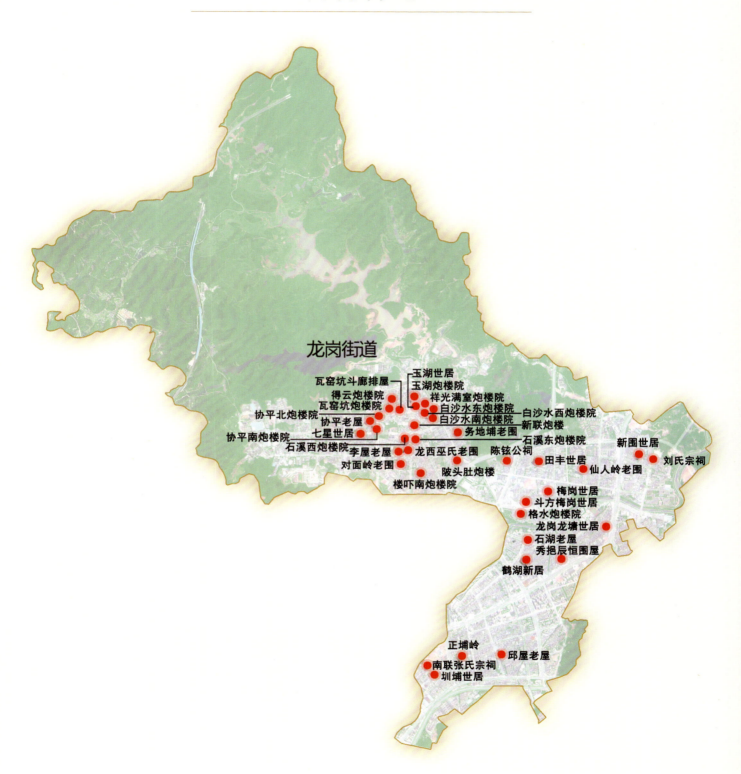

龙岗街道

瓦窑坑斗廊排屋
玉湖世居
玉湖炮楼院
得云炮楼院
瓦窑坑炮楼院
祥光满室炮楼院
协平北炮楼院
白沙水东炮楼院
白沙水西炮楼院
协平老屋
白沙水南炮楼院
新联炮楼
协平南炮楼院
七星世居
务地埔老围
石溪西炮楼院
石溪东炮楼院
新围世居
李屋老屋
龙西巫氏老围
陈铉公祠
田丰世居
刘氏宗祠
对面岭老围
陂头肚炮楼
仙人岭老围
楼吓南炮楼院
梅岗世居
斗方梅岗世居
格水炮楼院
龙岗龙塘世居
石湖老屋
秀揭辰恒围屋
鹤湖新居
正埔岭
邱屋老屋
南联张氏宗祠
圳埔世居

88. 秀挹辰恒围屋

秀挹辰恒围屋位于广东省深圳市龙岗区龙岗街道南联社区巫屋村，正门北偏东30度，面宽约80米，进深约60米，建筑占地面积4572平方米。围屋建于清代道光三年（1823年），整个建筑以"巫氏宗祠"为核心，原为三堂四横屋式客家围，前有月池。墙体均由三合土夯筑而成。宗祠结构相对较完整，月池尚存，外围现不存。该围屋对研究本地区客家民居的演变有一定参考价值。

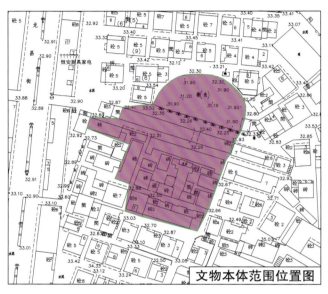

文物本体范围位置图

89. 圳埔世居

圳埔世居位于广东省深圳市龙岗区龙岗街道南联社区圳埔老屋村，面向西南，面宽约95米，进深约67.5米，建筑占地面积约25000平方米。据原住民介绍该老屋村始建于明万历十六年（1588年），前有月池，部分楼房已拆被建为现代建筑居民。内设有三个祠堂，分别为"严氏宗祠""薛氏宗祠"和"李氏宗祠"。建筑由三合土、土砖墙建成，斗廊齐头式排屋和斗廊尖头式排屋混合组成。圳埔世居广府式排屋村，保存较完整，对研究本地区的古民居发展演变有一定历史价值。

按照《关于区城市更新局征求龙腾工业区（二期）城市更新单元规划相关意见的复函》（深龙文体旅函〔2018〕460号），对圳埔世居门楼，二排南侧的李氏宗祠，圳埔老屋6巷17号、13号的并排两门四开间斗廊式建筑进行迁移保护，占地面积747.4平方米。

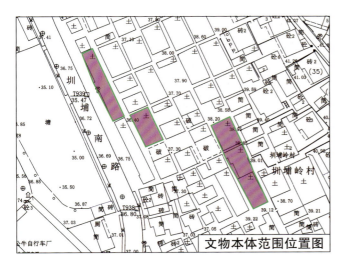

文物本体范围位置图

90. 邱屋老屋

邱屋老屋位于广东省深圳市龙岗区龙岗街道南联社区邱屋老屋村，正面朝南偏东 15 度，面宽约 75 米，进深约 70 米，建筑占地面积约 4000 平方米。整体布局已遭破坏，现仅存一炮楼、一角楼，炮楼高四层，四面开窗。排屋原本为围的一部分，三间两廊尖头式，大多数业主将天井改建成小屋，房数有 71 间，共 172 人居住。其祠堂大门额书"上岗世居"，前有月池。邱氏族人由河源移居此已有 250 多年。其祠堂于 1997 年重修后保留了当地传统做法，保存完好，邱氏族人还延续着传统的祭祖风俗。上岗世居原本应属于客家围屋，但其格局在清末民初被炮楼排屋所替代和改造。

按照 2015 年专家复查评估意见，保留西南角的一炮楼、一角楼及拖屋、邱氏宗祠，占地面积 1124.4 平方米。

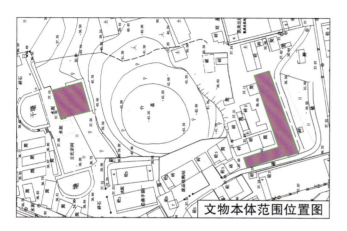

文物本体范围位置图

91. 田丰世居

田丰世居位于广东省深圳市龙岗区龙岗街道新生社区田祖上老屋村，正面朝南偏东20度，建于清朝康熙元年（1662年），由兴宁县迁居至龙岗的刘姓客家人所创建。世居面阔126米，进深83米，占地面积13969平方米。世居内建共有房间78间，皆为单元式平房。围前有宽39.2米的月池和宽12.6米的禾坪。正门额上镌刻"田丰世居"。进入正门是宽6.9米的前天街，天街两端有券门通向世居外。隔前天街与世居正门相对是三开间三进二天井祠堂。三堂均面阔三间。东北角有一炮楼保存尚好。祠堂经多次重修保存尚好，刘氏后人还延续着传统的祭祖风俗。田丰世居对研究本地区客家民居有重要价值。

按照《关于征求龙岗街道新生社区田祖上片区更新单元申报城市更新单元计划相关意见的复函》，原址原貌保留田丰世居。

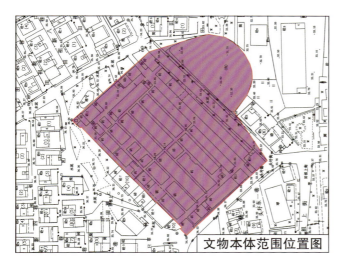

文物本体范围位置图

92. 仙人岭老围

仙人岭老围位于广东省深圳市龙岗区龙岗街道新生社区仙人岭大围老屋村，建筑始建年代为晚清时期。正面朝西南，建筑整体为梳式布局，面宽约220米，进深约115米，建筑占地面积约为12000平方米，村西南有一风水塘。围内多为齐头排屋，也有部分单元式三间两廊结构。少部房屋顶有船形脊或博古脊。陈姓祠堂已倒，后期改建较多，历史风貌已破坏。仙人岭老围对研究本地区古村落的发展演变有一定价值。

按照《关于征求龙岗街道新生社区仙人岭片区申报城市更新单元计划相关意见的复函》（深龙文函〔2019〕221号），保留陈氏宗祠、馀庆炮楼及其拖屋以及宗祠东侧的一栋民居，占地面积504.62平方米。

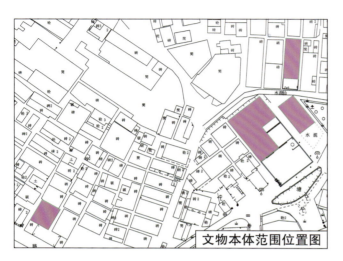

文物本体范围位置图

93. 新围世居

新围世居位于广东省深圳市龙岗区龙岗街道新生社区低山老屋村,清代建筑。正面朝南偏西20度,面阔95米,进深65米,占地面积约6200平方米。正门额书"新围世居"四字,由多排排屋、横屋、两炮楼、一月池构成整体,排屋和横屋多数以尖头、齐头式混合布局。正对大门有一半月形风水塘。东南边炮楼高五层,四周开横条形射击孔,三楼四周开窗、平顶。东北边的房屋已倒,整体布局已遭破坏,但仍能看到原本为客家堂横屋布局。

按照《关于龙岗街道新生社区低山村城市更新单元范围内文物保护事宜意见的复函20180918》(深龙文体旅函〔2018〕463号),保留新围世居的门楼、倒座及东角楼、西角楼(炮楼)、西侧横屋,占地面积535.9平方米。

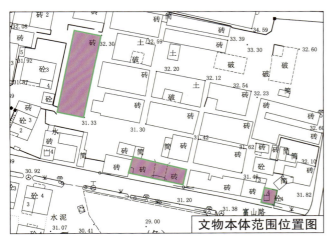

文物本体范围位置图

94. 低山刘氏宗祠

低山刘氏宗祠位于广东省深圳市龙岗区龙岗街道新生社区低山自然村，正面朝南偏西15度。据大门内左侧墙所嵌重修碑可知，低山宗祠始建于清道光二十六年（1846年）。民国三十七年（1948年）修理瓦面。1987年再修。建筑朝向南偏西10度。由月池、禾坪和前后二堂组成。面阔11.66米，进深16.3米，占地面积190平方米。月池面阔56.4米，禾坪宽24.75米。前堂宽三间，门额石匾刻"刘氏宗祠"。大门内建木构屏风，梁间结点用驼峰及一斗三升斗拱。后堂面阔三间，前檐柱为石质圆形，金柱为圆角方形石质，盆式柱础。梁架为抬梁与穿斗相结合。

刘氏宗祠原本属于低山老围的核心建筑，多年来其他建筑保存状况比较差，唯祠堂保存较好，对研究本地区祠堂的演变有重要价值。

按照《关于龙岗街道新生社区低山村城市更新单元范围内文物保护事宜意见的复函20180918》（深龙文体旅函〔2018〕463号），保留低山刘氏宗祠的祠堂及东前侧005号排屋（四开间）、禾坪、月池，占地面积2287平方米。

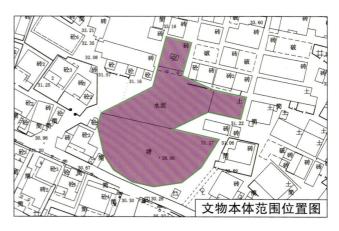

文物本体范围位置图

95. 龙岗龙塘世居

龙岗龙塘世居位于广东省深圳市龙岗区龙岗街道龙岗社区福和老屋村，刘氏族人建于清代晚期。正门朝南偏东20度，面阔40米，进深44米，占地面积1837平方米，建筑面积1351平方米。正门额书"龙塘世居"，建筑整体布局为三堂两横、四角楼、一围、伸手屋带照墙。西边角楼已倒，其他三个角楼保存尚好，以祠堂为中心，左右两横屋三合土墙，硬山顶，覆小青瓦，带阁楼。整体布局尚存，对研究本地区客家民居有重要价值。

按照《关于龙岗老墟镇城市更新单元范围内文物保护意见的复函》（深龙文体旅函〔2013〕159号），原址原貌保留龙岗龙塘世居。

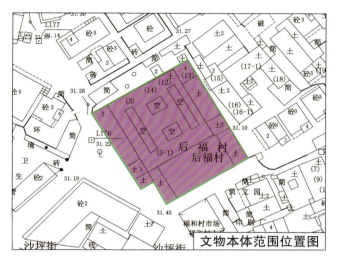

文物本体范围位置图

96. 石湖老屋

　　石湖老屋位于广东省深圳市龙岗区龙岗街道龙岗社区石湖村，门朝西南。现存建筑面宽约49米，进深约38米，占地面积20000平方米，现存1321.7平方米。晚清建筑，为斗廊式排屋结构，由中间巷道分隔，左右各建三排屋，一街三巷布局，三合土墙，硬山顶，覆小青瓦。内有四个祠堂，分别为三个"曾氏宗祠"和一个"李氏宗祠"。石湖老屋对研究本地区客家民居的演变有一定价值。

文物本体范围位置图

97. 务地埔老围

务地埔老围位于广东省深圳市龙岗区龙岗街道龙西社区务地埔村，清末时期建筑。坐东北面西南，面阔约75米，进深约35米，建筑占地面积2407平方米。由六排房屋与一炮楼组成老屋村整体。建筑均为土木结构，条石门框。由一条南北走向的巷道分隔左右各三排房屋，前排为斗廊齐头三间两廊，二排为斗廊尖头三间两廊，三排为硬山顶单元房。左边三排为八开间，右边三排为十一开间。炮楼位于第二排屋中间，素瓦坡式炮楼，高三层，平面呈方形，四面开瞭望窗，二层东南面开有射击孔，整体保存一般。

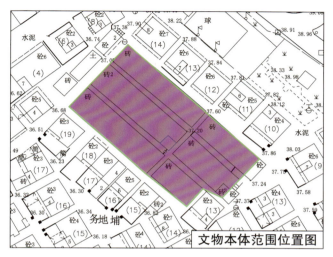

文物本体范围位置图

98. 玉湖世居

　　玉湖世居位于广东省深圳市龙岗区龙岗街道龙西社区玉湖村，清末时期建筑。面阔约 110 米，进深约 50 米，正门朝南偏东 30 度，建筑占地面积 6529 平方米。三堂四横四角楼带倒座布局（角楼现存一座），正面开三门。祠堂位于中轴线上，三开间三进，肖氏人家。东北横屋已倒，仅剩的角楼位于西南角，高五层，瓦坡腰檐式炮楼。正对大门有一小型月池，最大直径为 30 米。围内房屋很多已塌，祠堂保存完整，后人还延续着传统的祭祖风俗。整体布局尚存，属比较典型的客家围屋。

文物本体范围位置图

99. 石溪东炮楼院

石溪东炮楼院位于广东省深圳市龙岗区龙岗街道龙西社区石溪村，正面朝东，面宽约 128 米，进深约 58 米，建筑占地面积约 4508 平方米，由炮楼、排屋、古井等组成的老屋村为整体。共有 4 座炮楼和 12 排房屋，炮楼一位于北边一角，高四层，平面呈方形，天台女墙方桶式，顶部饰带蓝，北面和南面顶部锦鲤吐珠排水口，四面开窗，南面开十字形射击孔。炮楼二位于中间，高三层，素瓦坡顶式，顶饰蓝带，平面呈方形，四面开窗。炮楼三位于西南角，高三层，天台女墙方桶式，顶部饰蓝红相间带。炮楼四位于西南角，高四层，天台女墙方桶式，顶饰红带，西北面鲤鱼吐珠排水口，横条形枪眼口。炮楼建于 1923 年，旁边有一口古井。房屋以斗廊齐头三间两廊居多，均用三合土筑墙，硬山顶，整体保存一般。

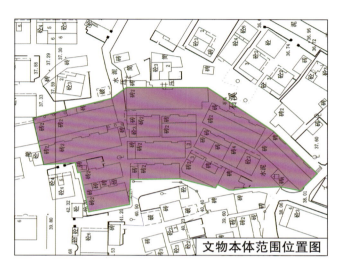

文物本体范围位置图

100. 龙西巫氏老围

龙西巫氏老围位于广东省深圳市龙岗区龙岗街道龙西社区大围村，清代建筑。面向东南，建筑占地面积2377平方米，由巫氏宗祠、排屋、月池组成老屋村整体。祠堂位于东北角，面阔11米，进深30米，建筑占地面积330平方米，始建于清朝初年，咸丰八年（1858年）第一次重修扩建，又分别于1919年和1985年两次重修，面阔三间三进，前堂后出廊，檐口壁画有山水、花鸟等，浮雕有花卉、人物等，中堂前后出廊，穿斗与抬梁式相结合梁架，圆石柱，迎门上书"辉映先后""衍庆螽斯"。月池正对祠堂，最大直径为50米，祠堂与月池之间处竖有两座旗杆石，刻有字，字体已模糊不清。排屋位于祠堂右侧，共六排，斗廊尖头三间两廊结构的两排。其他为单元式排屋，均用三合土夯筑而成，硬山顶，除祠堂月池保存较好外，其他保存一般。

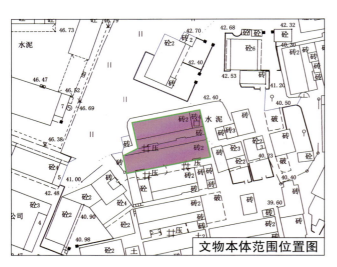

文物本体范围位置图

101. 李屋老屋

　　李屋老屋位于广东省深圳市龙岗区龙岗街道龙西社区李屋村，清代建筑，坐西北面东南，面宽约55米，进深约50米，现存建筑占地面积537.7平方米，由祠堂、炮楼、房屋组成老屋村整体。祠堂位于中心，单间三进，后经重修，檐口饰山水、人物壁画，保存较好，月池与祠堂相对。炮楼位于东南，高四层，平面呈方形，天台女墙方桶式，顶饰蓝带，东南面顶层有锦鲤吐珠排水口，拖屋斗廊齐头三间两廊，脊饰博古，带门罩，其他房屋多为单间，三合土墙，歇山顶。总体保存结构较完整。祠堂近年来重修保存较好，后人还延续着传统的祭祖风俗。

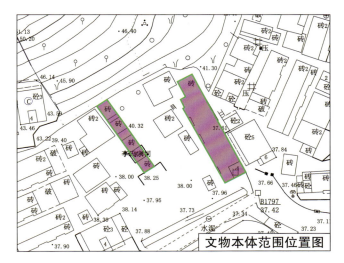

文物本体范围位置图

102. 瓦窑坑斗廊排屋

瓦窑坑斗廊排屋村位于广东省深圳市龙岗区龙岗街道五联社区瓦窑坑村，清末建筑。面宽约 25 米，进深约 38 米，建筑占地面积 792.7 平方米。由三排房屋和炮楼组成老屋村的整体，土木结构。第一排和第二排房屋为五开间，斗廊齐头三间两廊带天井结构，檐口饰山水、花鸟、人物壁画，脊饰博古。炮楼位于二排左侧，素瓦坡顶式，高两层，平面呈方形，四面开窗和炮眼。整体保存一般。

文物本体范围位置图

103. 七星世居

　　七星世居位于广东省深圳市龙岗区龙岗街道五联社区竹头背村，清代时期建筑，坐北朝南，通面阔110米，进深55米，建筑占地面积5638.5平方米，为三堂四横四角楼带一望楼布局。正面开一门，额书"七星世居"。祠堂位于中心，单间三进。四角楼仅存三座，高三层，瓦坡腰檐式，四面开窗。望楼位于后围外9米处，占地面积243米，瓦坡腰檐顶。禾坪上有一旗杆石，月池尚存，整座建筑从前至后，步步高起，利于排水，也有步步高升吉祥之意。东面外围边另建几排屋，有一大门书"凉勋门"。整体布局因望楼的位置偏于围后而呈曲尺形，对研究客家民居的形制布局有重要价值。

　　按照《关于调整龙城街道五联竹头背和岭背坑片区城市更新单元规划拆除用地范围内文物保护意见的函》（深龙文体旅函〔2015〕9号），保留道路用地必须占用的东北角以外的其他建筑。

文物本体范围位置图

110. 陂头肚炮楼

陂头肚炮楼位于广东省深圳市龙岗区龙岗街道龙西社区陂头肚村，正面朝北偏西40度，面阔约27米，进深约10米，建筑占地面积261平方米，一炮楼拖一排屋布局。炮楼位于西北角，天台女墙方桶式，高五层，平面呈方形，四面开瞭望窗和射击孔。排屋六开间，斗廊齐头三间两廊带阁楼结构，均为三合土墙。廊屋北面开有横条形射击孔，整体布局已不存，原本炮楼周边的历史小村落已改建成现代民居。现存的建筑基本保留原有建筑风格，壁画大面积风蚀，房屋有部分腐蚀。

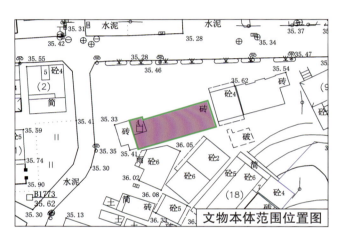

文物本体范围位置图

111. 玉湖炮楼院

玉湖炮楼院位于广东省深圳市龙岗区龙岗街道龙西社区玉湖村，民国时期建筑，坐东北面西南。面阔约43米，进深约25米，建筑占地面积843.7平方米，由两炮楼拖三排屋布局。炮楼分别位于东南角和西北角，东南炮楼高五层，平面呈方形，天台女墙方桶式，顶饰蓝红相间带，四面开瞭望窗，三层以上开横条形射击孔。拖屋四开间开两门，三间两廊结构。另一炮楼位于西北角，高五层，平面呈方形，天台女墙方桶式。拖屋两开间，齐头三间两廊结构，顶部东南面有锦鲤吐珠排水口。整体保存一般，两炮楼三拖屋布局，对研究本地区炮楼院的发展演变有重要价值。

文物本体范围位置图

112. 祥光满室炮楼院

祥光满室炮楼院位于广东省深圳市龙岗区龙岗街道龙西社区白沙水村，民国时期建筑，正门朝南，面宽约39米，进深约27米，建筑占地面积887.3平方米，一炮楼拖两排屋布局。炮楼位于东南角，天台女墙方桶式炮楼，高四层，四面开瞭望窗及竖条形射击孔，东面顶层有两个锦鲤吐珠排水口。与炮楼相连的排屋，为八开间三间两廊结构。第二排屋面阔七间，斗廊齐头三间两廊带阁楼结构，均用三合土筑墙，硬山顶，覆小青瓦。正面开三门，分别书"祥光满室""受天百禄""瑞色盈门"。基本形制和布局保存一般，但局部构件风化及人为破坏较严重。

按照《关于龙岗街道龙西社区白沙水片区申报城市更新单元计划相关意见的复函》，保留祥光满室炮楼院。

文物本体范围位置图

113. 白沙水西炮楼院

　　白沙水西炮楼院位于广东省深圳市龙岗区龙岗街道龙西社区白沙水村，民国时期建筑，坐北朝南，面阔约43米，进深约为23米，建筑占地面积761平方米。一炮楼拖三排屋布局，炮楼位于第二排屋左侧，高四层，平面呈方形，天台栏墙方桶式，四面开瞭望窗和横条形射击孔。拖屋六开间，单元式布局，檐口饰山水、鸟兽等壁画，脊饰博古。另两排屋分别为七开间和三开间，整体保存较好。白沙水西炮楼院东面是白沙水东炮楼院。白沙水西炮楼院保存较为完整，对研究本地区炮楼院的演变发展有重要价值。

　　按照《关于龙岗街道龙西社区白沙水片区申报城市更新单元计划相关意见的复函》，保留白沙水西炮楼院。

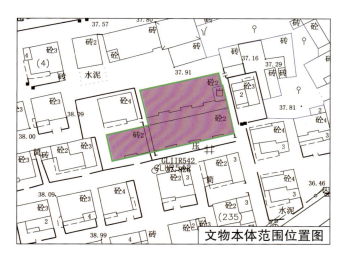

文物本体范围位置图

114. 白沙水东炮楼院

　　白沙水东炮楼院位于广东省深圳市龙岗区龙岗街道龙西社区白沙水村，中华民国建筑，正面朝南偏东30度，面宽约28米，进深约20米，建筑占地面积约500平方米，一炮楼拖两排屋布局。现两排屋已倒或改建成现代建筑，仅剩连接炮楼两间。炮楼位于东北角，高四层，天台女墙方桶式，顶饰红带，东南面顶层书"新盛楼"，四面开瞭望窗，顶层开长方横条形射击孔，整体保存一般。

　　按照《关于龙岗街道龙西社区白沙水片区申报城市更新单元计划相关意见的复函》，保留白沙水东炮楼院，占地面积301.2平方米。

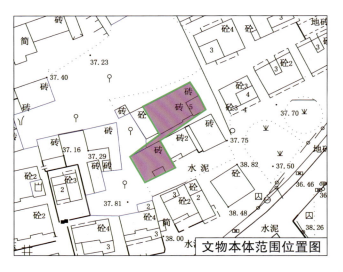

文物本体范围位置图

115. 白沙水南炮楼院

  白沙水南炮楼院位于广东省深圳市龙岗区龙岗街道龙西社区白沙水村，中华民国建筑，坐西北面东南，面阔约38米，进深约11米，占地面积约409.5平方米，一炮楼拖一排屋布局。炮楼位于东北角，天台女墙方桶式炮楼，高五层，平面呈方形，四面开窗，顶层四面设铳斗，开"十"字射击孔，顶饰蓝白相间带。拖屋八开间，斗廊尖头三间两廊带天井结构，西南角有一口古井，整体保存尚可。

  按照《关于龙岗街道龙西社区白沙水片区申报城市更新单元计划相关意见的复函》，保留白沙水南炮楼院。

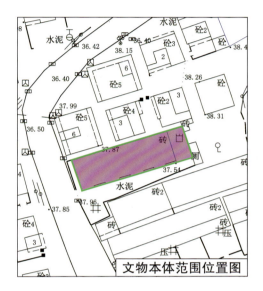

文物本体范围位置图

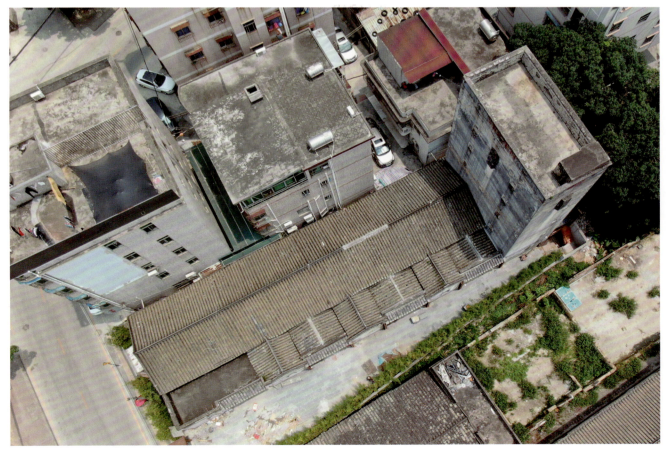

116. 新联炮楼

新联炮楼位于广东省深圳市龙岗区龙岗街道龙西社区新联村，中华民国建筑，坐西北面东南，面宽 12 米，进深 11 米，占地面积 133 平方米，土木结构。炮楼拖一排屋布局，炮楼高三层，平面呈长方形，天台女墙方桶式，顶饰蓝白相间带，四面开窗，横条形射击孔。房屋三开间，尖头三间两廊结构，带一天井和阁楼，总进深 12 米，整体保存尚可。

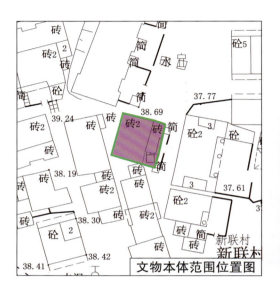

文物本体范围位置图

117. 石溪西炮楼院

石溪西炮楼院位于广东省深圳市龙岗区龙岗街道龙西社区石溪村，中华民国建筑，坐北朝南，面阔约34米，进深约39米，现存建筑占地面积约559.6平方米，两座炮楼拖两排屋布局。炮楼一位于北边角，高四层，平面呈方形，天台女墙方桶式，顶饰蓝带，拖屋五开间，齐头三间两廊结构，檐口饰山水、人物壁画，脊饰博古。炮楼二位于东面，高三层，平面呈长方形，素瓦坡式，四面开有瞭望窗，拖一单间房屋，房屋基本倒塌，保存较差。

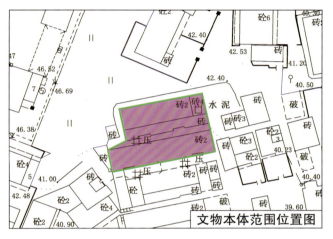

文物本体范围位置图

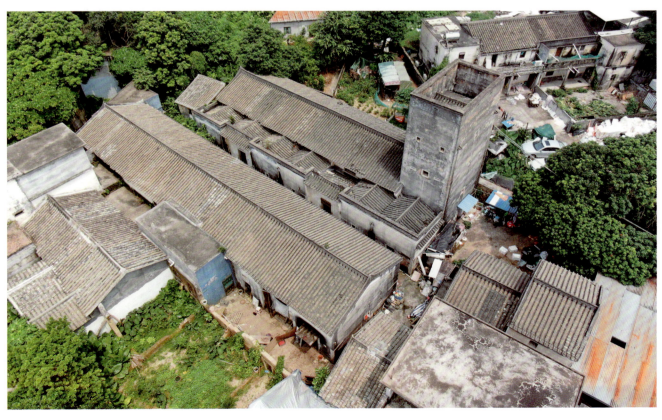

118. 楼吓南炮楼院

楼吓南炮楼院位于广东省深圳市龙岗区龙岗街道龙西社区楼吓村，中华民国建筑，面向西南，面宽约 100 米，进深约 60 米，占地面积 6000 平方米，由三座炮楼和数排房屋组成炮楼院的整体。炮楼一位于西北角，高三层，平面呈方形，山墙栏墙混合式，顶部饰摆钟、花篮、地球，四面开窗。炮楼二位于东北角，高五层，平面呈长方形，天台女墙方桶式，顶饰蓝带。炮楼三位于东北角，高五层，平面呈长方形，天台女墙方桶式，顶饰蓝红相间带，四面开窗，横条形射击孔，房屋大多斗廊齐头三间两廊，整体保存尚可。楼吓南炮楼院内部房屋因无人居住，部分倒塌。

按照《关于龙城街道龙西社区楼吓和对面岭片区更新单元内文物保护事宜意见的复函》（深龙文体旅函〔2012〕75 号），对龙西社区楼吓和对面岭片区更新单元范围内三座炮楼及拖屋必须予以原址保留，占地面积 874.6 平方米。

文物本体范围位置图

119. 对面岭老围

对面岭老围位于广东省深圳市龙岗区龙岗街道龙西社区对面岭村，中华民国建筑，面向东南，面阔约 100 米，进深约 50 米，建筑占地面积 2000 平方米，由五座炮楼和排屋组成老屋村的整体，均为土木结构，建筑由两条主巷道分隔。炮楼一位于西南角，高四层，天台女墙方桶式，顶饰蓝带，四面开窗，横条形射击孔。炮楼二位于中间，高四层，平面呈方形，天台女墙方桶式，顶饰蓝带。炮楼三位于西南角，高四层，女墙方桶式，顶饰红带。炮楼四位于东北角，高三层，素瓦坡式，四面开窗。炮楼五位于西北角，高三层，天台女墙方桶式，排屋以齐头三间两廊带天井阁楼为主。整体保存一般。老屋村东、南面分别有对面岭北路和对面岭东路经过，周边是一些现代楼宇建筑和工业厂房，村内很多房屋改建，原居民已迁出，现房屋用于出租。

按照《关于龙城街道龙西社区楼吓和对面岭片区更新单元内文物保护事宜意见的复函》（深龙文体旅函〔2012〕75 号），对龙西社区楼吓和对面岭片区更新单元范围内三座炮楼及拖屋必须予以原址保留，占地面积 21.35 平方米。

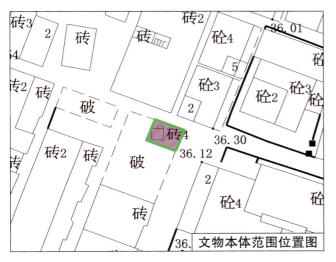

文物本体范围位置图

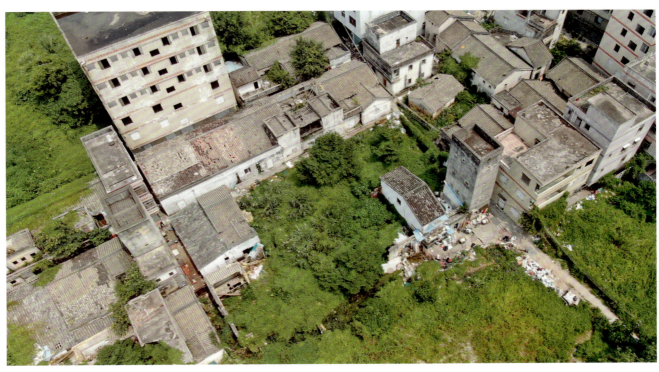

120. 瓦窑坑炮楼院

　　瓦窑坑炮楼院位于广东省深圳市龙岗区龙岗街道五联社区瓦窑坑村，中华民国建筑，面宽约 24 米，进深约 9 米，建筑占地面积 241 平方米，由一炮楼拖一屋组成。炮楼高四层，平面呈方形，天台女墙方桶式，四面开窗和射击孔，带窗罩。拖屋三开间单元式结构，整体布局尚存。

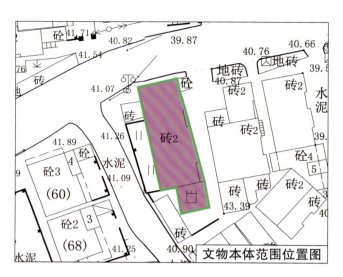

文物本体范围位置图

121. 得云炮楼院

得云炮楼院位于广东省深圳市龙岗区龙岗街道五联社区瓦窑坑村，中华民国建筑，坐西朝东，面宽约42米，进深约10米，建筑占地面积439.7平方米，由两座炮楼拖两排屋组成整体。炮楼一位于东南角，高四层，平面呈正方形，天台女墙方桶式，顶饰蓝带，四面开有小窗和竖条形射击孔，顶层书"得云"两字。拖屋四开间，单元式结构，腰檐饰人物、鸟兽浮雕，檐口饰人物山水和精美木雕，脊饰博古。炮楼二位于东北角，高四层，天台女墙方桶式，顶饰蓝红相间带，东面有锦鲤吐珠排水口。拖屋两开间，檐口饰花鸟、人物壁画，脊饰博古。古井位于东南角，已没有使用，整体保存尚可。

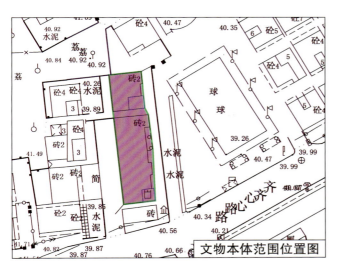

文物本体范围位置图

122. 协平北炮楼院

协平北炮楼院位于广东省深圳市龙岗区龙岗街道五联社区协平村，中华民国建筑，坐西面东，面宽约 30.6 米，进深约 10.6 米，建筑占地面积 328 平方米，由一座炮楼加拖屋组成，墙体由三合土夯筑而成。炮楼高五层，天台女墙方桶式，顶饰蓝带，四面开窗，南面顶层有锦鲤吐珠排水口。拖屋七开间，齐头三间单元式，檐口饰山水、人物壁画，脊饰博古，局部有西洋式女墙装饰。

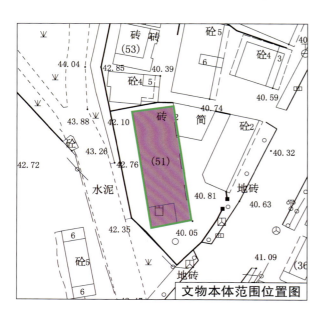

文物本体范围位置图

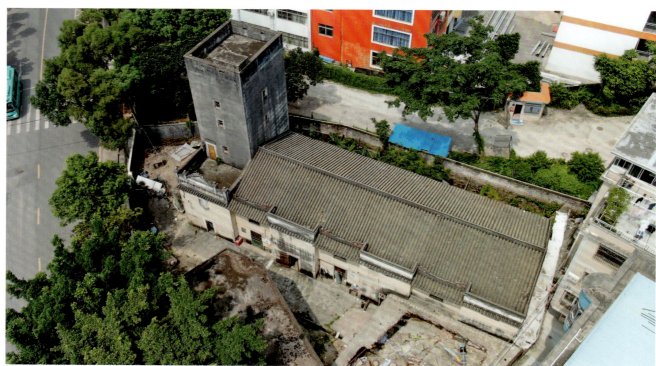

123. 协平南炮楼院

协平南炮楼院位于广东省深圳市龙岗区龙岗街道五联社区协平村南部，中华民国建筑，坐东南面西北，面宽约 22 米，进深约 10 米，占地面积 233 平方米，两炮楼拖一屋布局，墙体为三合土夯筑。炮楼分别位于建筑右前角和左前角，右前炮楼高五层，平面呈方形，瓦坡女墙方桶式，四面开窗和横条形枪眼口。西南炮楼高三层，天台女墙方桶式，平面呈方形，三面开有小窗，西南面开有一门。拖屋三开间，开有两门，高两层，整体保存较好。

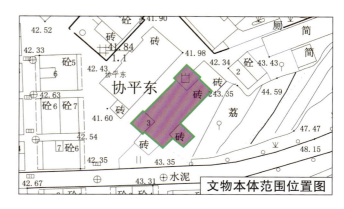

文物本体范围位置图

124. 龙山果场遗址

龙山果场遗址位于广东省深圳市龙岗区龙岗街道新生社区低山居民小组东面的低矮山岗。山岗上种满了果树，山岗下则被村民开垦为菜地。在靠近坡上果园的菜地里采集到5块印纹硬陶片，其中3块为方格纹，1块为条带形同心圆纹，还有1块为夔龙纹。从陶片的质地与纹饰判断此遗址的年代为西周至东周时期。遗址表层由于长年耕作，地层遭破坏严重，不见有地层堆积。此遗址的发现，丰富了龙岗区先秦遗址的文化内涵，特别是西周风格陶片的发现，对寻找龙岗区比较少见的西周时期遗址提供了较好的线索。

龙 城 街 道

吓四炮楼院

官新合围屋
松元角老围
昇齐楼

上角环排屋
上角环炮楼院

松子岭老围
振端堂

西埔新居

南岳公祠

岗贝排屋

龙城街道

岗贝老屋

太平炮楼院

田寮炮楼

陈康适墓

125. 官新合围屋

官新合围屋位于广东省深圳市龙岗区龙城街道盛平社区官新合村，建于清嘉庆、道光年间，由内外两围环套而成。朝向正南，通面阔87.3米，进深70米。月池宽80余米，最大垂直距离约32米，禾坪宽12米。建筑占地面积约6033平方米。中心是官氏公共场所，俗称"三厅房"，保存基本完整。内围部分房屋倒塌。内、外围四角均建角楼，平面呈长方形，高三层，均由三合土夯筑而成。官新合围屋是龙岗地区典型的客家围屋之一。

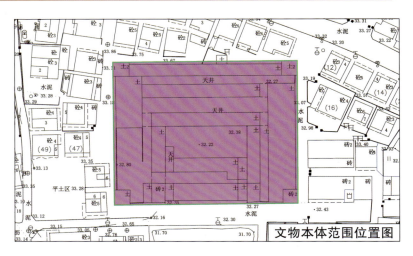

文物本体范围位置图

126. 松元角老围

松元角老围位于广东省深圳市龙岗区龙岗街道盛平社区松元角村，始建于清末民初，面宽 130 米，进深 90 米，建筑占地面积约为 4178 平方米，西面有一座炮楼，东面村外有两座官姓宗祠，其中一座始建年代为清光绪三十年（1904 年），于 1982 年重建。属广府式排屋建筑，硬山顶，覆小青瓦，个别建筑有雕花檐板和壁画。老屋村现存建筑格局由 2 条南北向天街、5 条东西向小巷道分隔，前后左右为广府式排屋组成一整体。松元角老围为研究本地区的古民居类型之一的排屋围具有重要价值。

依据 2015 年专家复查评估意见，保留新、老两座官氏宗祠和 18 ~ 24 号、21 ~ 31 号民居，占地面积 1032 平方米。

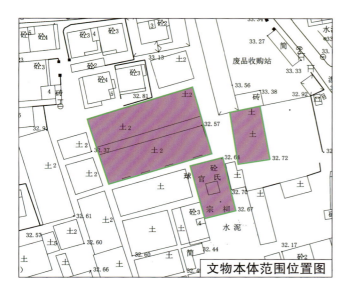

文物本体范围位置图

松子岭老围位于广东省深圳市龙岗区龙城街道盛平社区，晚清建筑，坐南面北偏东 15 度，面宽 123 米，进深 70 米，占地面积约 4706 平方米，由多个排屋组成，呈东西向、南北渐次排布。所有排屋正门朝北，东侧二横屋正门朝西。现存有四条较完整巷道，中间巷道往南是三排房屋，三合土墙。从第三巷道往北保存极差，大部分房屋倒塌废弃，土砖墙，有两座炮楼，一座位于东南角，高四层，天台顶，四面各开小窗，窗两侧有扁平射击孔。另一座位于西南角，体积较小，天台顶，上部只开射击孔，下部邻街的地方开有小窗。

从现存情况分析，松子岭老围原平面布局应为排屋围式，对研究本地区古民居建筑的演变有参考价值。

依据《关于龙城街道盛平南片区更新单元文物保护相关意见的复函》（深龙文体旅函〔2014〕244 号），保留松子岭老围的炮楼和拖屋，占地面积 255.4 平方米。

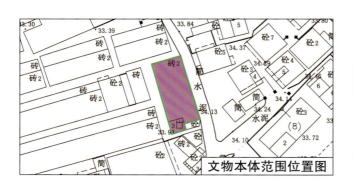

文物本体范围位置图

128. 岗贝老屋

岗贝老屋位于广东省深圳市龙岗区龙城街道爱联社区岗贝村（深惠公路旁），清代建筑，坐东朝西，面宽约95米，进深约35米，建筑占地面积约4000平方米，由房屋、祠堂、炮楼组成老屋村的整体。房屋多为斗廊齐头三间两廊布局，村内有四个祠堂，分别是两个"李氏宗祠"以及"曾氏宗祠""曾灵机祠"，都为单间一进。炮楼位于西北角，高三层，平面呈长方形，天台女墙方桶式，顶饰蓝红相间带，四面开有小窗和射击孔，顶层东南面设锦鲤吐珠排水口。拖屋齐头三间两廊结构，檐口饰山水、人物壁画，脊饰博古，老屋整体保存一般。

按照《关于龙城街道龙腾工业区（一期）城市更新单元拆除用地范围内文物保护意见的复函》（深龙文体旅函〔2017〕224号），原址原貌保留岗贝老围一巷炮楼及拖屋，占地面积147.4平方米。

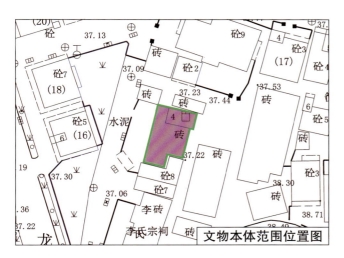

文物本体范围位置图

129. 昇齐楼

昇齐楼位于广东省深圳市龙岗区龙岗街道盛平社区官新合村，正门朝向南，面宽34米，进深27米，建筑占地面积约为474.1平方米。此为一炮楼拖两横屋的炮楼院式建筑，土木结构，平面呈长方形，东南角外侧附建两排横屋。两横屋之间西向有侧门，前横屋两大门上灰塑有字，被白灰所刷。东南角有炮楼一座，高五层，四面开窗。顶部四周呈拱形突起，拱形内以灰塑仿西洋式摆钟装饰。其下有"昇齐楼"三个灰塑楷书黑字，两旁有"民国廿""一年造"年款，说明该炮楼建于民国二十一年（1932年）。基本形制和布局保存较为完整，但局部构件风化及人为破坏较严重。墙风化情况严重，有人为破坏痕迹。炮楼部分碑刻、雕塑已模糊不清，部分能勉强辨认，但均受严重侵蚀。前横屋前墙上部被改建，东侧房大部被毁。昇齐楼就位于龙岗街道盛平社区官新合老围的东侧，是本地区比较典型的炮楼院式建筑。

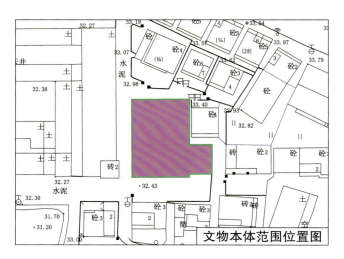

文物本体范围位置图

130. 振端堂

振端堂位于广东省深圳市龙岗区龙城街道盛平社区松子路 10 号，正门朝东，面阔 32 米，进深 16 米，建筑占地面积约 372.6 平方米。从建筑风格看，年代可能为中华民国时期，为一炮楼拖一排屋布局。建筑正面开三门楼，中间正门额书"振端堂"三字。炮楼位于东北角，高四层，四面均开瞭望窗，窗两侧均有横条形射击孔。整体保存尚好。

依据《关于龙城街道盛平南片区更新单元文物保护相关意见的复函》（深龙文体旅函〔2014〕244 号），原址原貌保留振端堂。

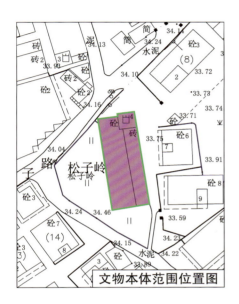

文物本体范围位置图

131. 吓四炮楼院

吓四炮楼院位于广东省深圳市龙岗区龙城街道回龙埔社区吓四村，中华民国建筑，坐西北面东南，建筑占地面积约为 213 平方米，由一座炮楼和拖屋组成炮楼院整体。炮楼位于东北角，高五层，平面呈长方形，天台女墙方桶式，四面开窗。拖屋单元式结构，檐口饰人物、花鸟等，整体保存一般。

按照《关于区城市更新局征求龙城街道回龙埔吓屋片区申报城市更新单元计划相关意见的复函》（深龙文体旅函〔2018〕91 号），保留吓四炮楼院。

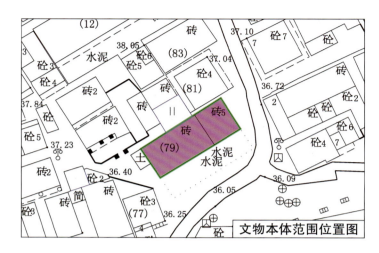

文物本体范围位置图

132. 上角环炮楼院

上角环炮楼院位于广东省深圳市龙岗区龙城街道回龙埔社区上角环村，中华民国建筑，坐西北面东南，占地面积2246平方米，一炮楼拖一屋和六排房屋组成炮楼院的整体布局。炮楼位于东北角，高四层，平面呈正方形，天台女墙方桶式，顶饰蓝带，东北面带窗罩，四面开有小窗和横条形射击孔。拖屋为斗廊齐头三间两廊带天井阁楼结构，六开间，其他房屋大部分是齐头三间两廊，部分为单元式结构，整体保存一般。

依据《关于龙城街道回龙埔上角环片区改造项目范围内文物保护的复函》（深龙文体旅函〔2017〕313号），保留上角环炮楼院"一拖二"炮楼（一炮楼及其六开间拖屋），占地面积866.9平方米。

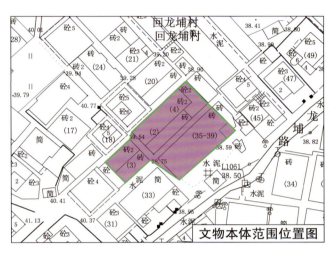

文物本体范围位置图

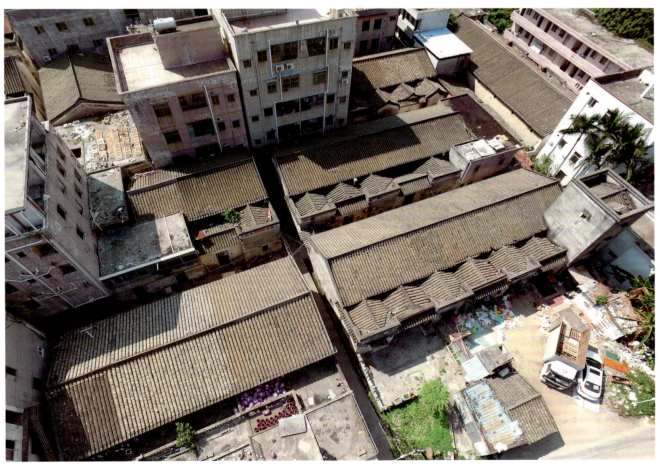

133. 岗贝排屋

岗贝排屋位于广东省深圳市龙岗区龙城街道爱联社区岗贝村，中华民国建筑，坐南朝北，建筑占地面积2084平方米，由四排房屋和一炮楼组成老屋村的整体，为土木结构，条石门框。炮楼位于北面，高四层，平面呈方形，天台女墙方桶式，四面开窗和射击孔。炮楼拖屋改建三间两廊，其他房屋为单元式排屋，檐口饰人物、花鸟、诗词壁画等。排屋之间巷道左右各开有一门，整体保存一般。

依据《关于龙城街道龙腾工业区（一期）城市更新单元拆除用地范围内文物保护意见的复函》（深龙文体旅函〔2017〕224号），保留岗三老围斗廊齐头屋（现存共计四排斗廊屋），占地面积1498.3平方米。

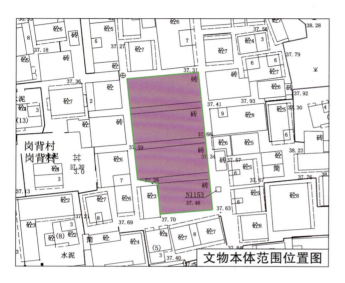

文物本体范围位置图

134. 西埔新居

西埔新居位于广东省深圳市龙岗区龙城街道爱联社区西埔村，中华民国建筑，面向东北，占地面积4274平方米，为三堂两横一围，倒座带角楼建筑布局，土石木结构，面阔89米，进深48米。正面开三门，正门额书"西埔新居"。祠堂位于中轴线上，面阔三间三进，门额书"李氏宗祠"，檐口饰精美木刻，中堂梁架是抬梁式和穿斗式相结合。围内房屋分别为第一排斗廊齐头三间两廊，第二、三、四排为斗廊尖头三间两廊。炮楼仅存两座分别是东南炮楼和西北炮楼，东南炮楼高四层，天台女墙方桶式，顶饰蓝带，平面呈长方形，顶层四面开射击孔。西北炮楼高四层，平面呈方形，女墙山墙混合式，顶饰蓝红相间带，原有的望楼已倒。祠堂因重修保存较好，李氏后人还延续着传统的风俗。整体结构布局尚存。

西埔新居平面布局虽以祠堂为中心，但祠堂建筑与左右排屋截然分隔，显示出与本地传统客家围的不同，对研究本地区客家围与炮楼院的发展演变具有重要价值。

依据2019年专家复查评估意见，原址原貌保留祠堂和炮楼，占地面积410平方米。

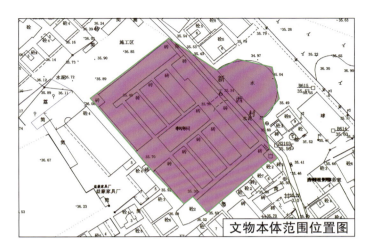

文物本体范围位置图

135. 太平炮楼院

太平炮楼院位于广东省深圳市龙岗区龙城街道爱联社区太平村，中华民国建筑，面向西，面宽约44米，进深约25米，建筑占地面积379.4平方米，炮楼拖两排屋组成炮楼院整体。炮楼位于中轴线上，高四层，平面呈正方形，天台女墙方桶式，四面开窗和横条型射击孔。拖屋为斗廊齐头三间两廊结构，分别为七开间和六开间，三合土夯筑而成，整体保存一般。现存一炮楼拖一斗廊式排屋，整体布局已不存，现存的房屋基本保留原有建筑风格，但屋脊、墙体和部分构件有损。

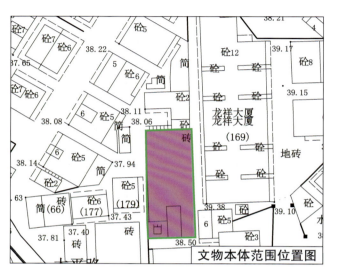

文物本体范围位置图

136. 田寮炮楼

　　田寮炮楼位于广东省深圳市龙岗区龙城街道爱联社区田寮村，坐西朝东，面宽约 12 米，进深约 12 米，占地面积 149 平方米。建于 1931 年，炮楼改建式，高四层，天台女墙方桶式，顶饰蓝红相间带。顶层东面书"1931"字样，四面开有小窗和射击孔，顶层饰锦鲤吐珠排水口。拖屋齐头三间两廊结构，檐口花鸟壁画仍清晰，脊饰博古。保存较好。

文物本体范围位置图

137. 南岳公祠

　　南岳公祠位于广东省深圳市龙岗区龙城街道黄阁坑社区老围，始建于明代中晚期，历代有维修，坐西向东，为三开间两进深布置，包括宗祠、门坪和巷道，建筑占地面积152.4平方米。大门额塑"南岳公祠"，对联塑"南雄发裔，岳岱留徽"。祠内保留有明代柱础，晚清时期的镂空板式梁架、艺术灰塑等文物。

　　该祠是研究深圳广府系及其历史文化的重要实物，其精美灰塑、木雕装饰、明代建筑格局及构件，是研究深圳明清两代宗祠建筑的重要实物资料。

文物本体范围位置图

138. 蒲芦陂遗址

蒲芦陂遗址位于广东省深圳市龙岗区龙城街道爱联社区石火居民小组南部一座独立的山上，北部为蒲芦陂水库，现已干涸，并开发成工业区。南部为较高的山地，山地上植被茂密，野草丛生。西部、东部为干涸河滩。山岗海拔 43 米，相对高度约 15 米。遗址南北长 200 米，东西宽 80 米，面积约 16000 平方米。2000 年深圳市第二次文物普查时发现此遗址，当时采集了少量泥质灰陶片，陶胎较厚，纹饰有"米"字纹、方格纹。遗址的时代为战国时期。2009 年 7 月复查，发现遗址已遭较大破坏，面积大为缩小，只有原来的三分之一左右，没有采集到陶片标本。

宝 龙 街 道

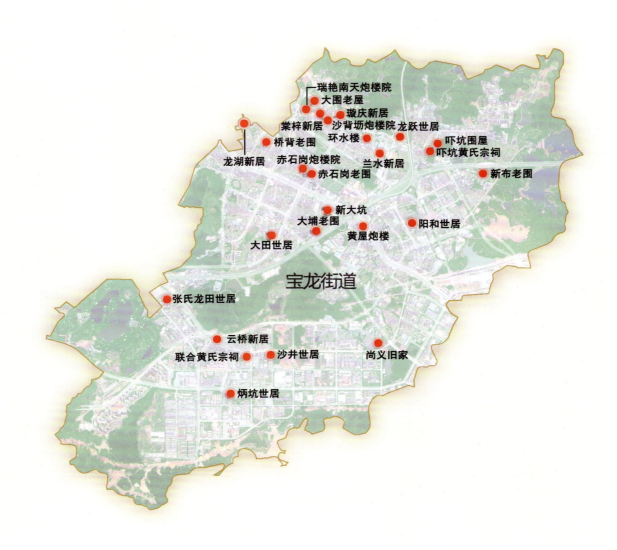

瑞艳南天炮楼院
大围老屋
璇庆新居
沙背坜炮楼院 龙跃世居
棠梓新居
环水楼
桥背老围
吓坑围屋
吓坑黄氏宗祠
龙湖新居
赤石岗炮楼院
兰水新居
赤石岗老围
新布老围

新大坑
大埔老围
阳和世居
黄屋炮楼
大田世居

宝龙街道

张氏龙田世居

云桥新居
联合黄氏宗祠 沙井世居 尚义旧家

炳坑世居

139. 张氏龙田世居

张氏龙田世居位于广东省深圳市龙岗区宝龙街道南约社区大浪村，清末建筑，面宽约 58 米，进深约 34 米，建筑占地面积约 2740 平方米，前有月池，三堂两横带四角楼方围屋。正门上雕花仍保存清晰，雕刻细致，穿斗式梁架。四角楼平面呈长方形，高三层，硬山顶。房屋内严重破损、污染。有部分房屋曾被火烧毁。祠堂保存较好，其木雕工艺相当精美，具有较高的艺术价值。

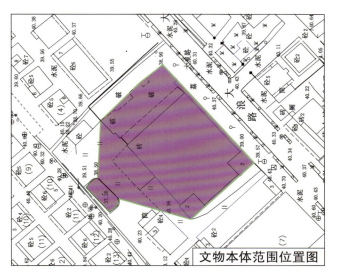

文物本体范围位置图

140. 联和黄氏宗祠

联和黄氏宗祠位于广东省深圳市龙岗区宝龙街道南约社区联和村，始建年代约为清代，面向东北，面宽约46米，进深约30米，建筑占地面积2047平方米，分别于1986年和2001年两次重修，正门朝东北，为三进式祠堂。左右两侧分别开有两门，前有月池。祠堂保存较好，黄氏后人还延续着传统的祭祖风俗。

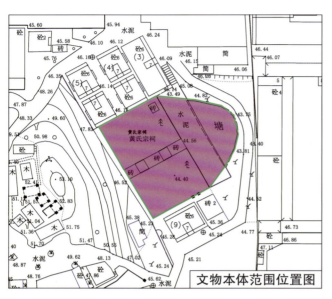

文物本体范围位置图

141. 沙井世居

沙井世居位于广东省深圳市龙岗区宝龙街道南约社区联和沙泉老屋村，建于康熙四十五年（1706年），正面朝北偏东10度，面宽约56米，进深约37米，建筑面积3424.7平方米，原为客家围屋，有房屋110余套，现仅存围墙和祠堂，土木结构。四个角楼和其他横屋已倒塌，前有一月池，月池西北角有一口古井。仅祠堂保存尚可，后人还延续传统的祭祖风俗。

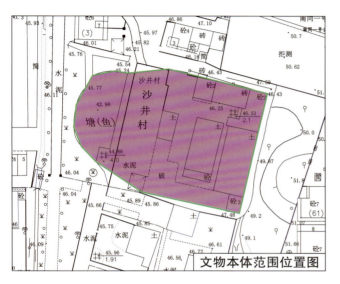

文物本体范围位置图

142. 炳坑世居

炳坑世居位于广东省深圳市龙岗区宝龙街道南联社区炳坑村，始建于明万历十七年（1589年），正门北偏西30度。原占地面积约为7301.7平方米，面宽92米，进深90米，现存建筑面积为6525平方米。业主多姓黄，黄氏族人由东莞迁移至此。炳坑世居由七排屋和一个宗祠组成，均为硬山顶排屋，大部分改建成现代民居。黄氏宗祠保存较好，中堂门额书"乾积堂"三字。祠堂大门门槛高出地面30厘米左右，据当地居民介绍，此祠堂只做喜事，不做丧事，所以门槛加高。黄氏后人还延续着传统的祭祖风俗。

文物本体范围位置图

143. 龙湖新居

龙湖新居位于广东省深圳市龙岗区宝龙街道龙东社区吓埔村，清代建筑，门朝东南，通面阔 33 米，进深 35 米，占地面积约为 2945 平方米。龙湖新居祖辈由广东兴宁迁移到吓埔村，为三堂两横结构。以祠堂为中心，左右各建两横屋，祠堂中堂梁架结构为抬梁与穿斗式结合。祠堂于 1996 年 12 月重修，保存较好，外门楼位于禾坪右侧，原有的月池已填平，整体布局尚存。

依据《关于区城市更新局征求龙岗街道东一、东二村片区申报城市更新单元计划相关意见的复函》（深龙文体旅函〔2019〕9 号），原址原貌保留龙湖新居。

文物本体范围位置图

144. 大围老屋

大围老屋位于广东省深圳市龙岗区宝龙街道龙东社区大围村，清代建筑，门朝南偏东15度。现存建筑面宽约96米，进深约28米，建筑占地面积约为1800平方米。原为围屋建筑，现已大部分改建或倒塌。现仅存东南两座角楼，高三层，四面开有小窗，顶端砌女儿墙，开有射击孔，瓦坡顶带腰檐。房屋以单元式排屋为主，部分为斗廊尖头排屋，三间两廊式带有小阁楼，整体布局已不存。

依据2015年专家复查评估意见，保留大围老屋080～082号、092～095号，占地面积1168平方米。

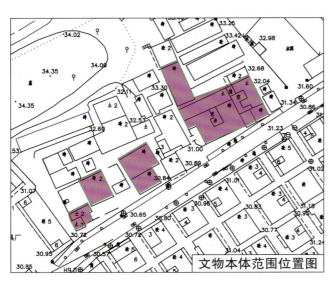

文物本体范围位置图

145. 瑞艳南天炮楼院

瑞艳南天炮楼院位于广东省深圳市龙岗区宝龙街道龙东社区大围村，清代建筑，正面朝南，现存建筑面阔约29米，进深约23米，建筑占地面积约为461.9平方米，由两炮楼各拖一排屋组成。西边炮楼具西洋式建筑风格，高四层，瓦坡顶加女墙，四周开有射击孔，其南面顶部有两个锦鲤吐珠排水口，平面呈长方形。东边炮楼高四层，天台顶，平面呈长方形。房屋格局为三间两廊带有阁楼，门额书"瑞艳南天"四字，土木结构。整体保存尚可，对研究本地区炮楼院式建筑有一定价值。

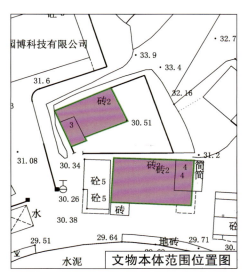

文物本体范围位置图

146. 环水楼

环水楼位于广东省深圳市龙岗区宝龙街道龙东社区兰三村，清末时期建筑，正门南偏西40度，通面阔55米，进深58米，占地面积3826.4平方米，整体布局为三堂两横四角楼带一倒座和伸手屋，角楼现存三座。环水楼是叶氏族人从淡水沙坑迁籍于此，已有100多年历史，叶氏后代在清代出过三位进士。正门额书"环水楼"。横屋高两层、角楼高三层，都是硬山顶，承重墙以三合土、泥砖为主。祠堂面阔三间三进，屋檐下有木雕。中堂台阶较高，门额书"岁进士"，同治十二年（1873年）加授翰林院，屏门匾额书"岁进士"光绪二年（1876年）。角楼平面呈正方形，四面开有小窗和射击孔，月池位于正门前11米处，已填了一半。月池右侧有一外门楼，门额书"仁兴门"，西边有一口古井，水质已污染，整体布局尚可。

按照《关于区土地整备中心征求宝龙街道龙新社区兰水片区申报土地整备利益统筹项目相关意见的复函》（深龙文函〔2019〕45号），原址原貌保留环水楼。

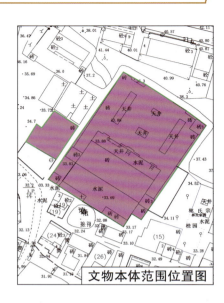

文物本体范围位置图

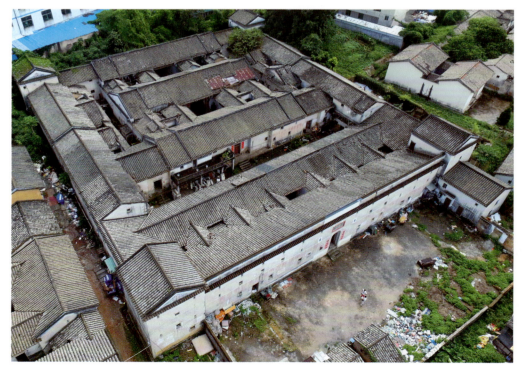

147. 赤石岗老围

赤石岗老围位于广东省深圳市龙岗区宝龙街道龙东社区赤石岗村，清末民初建筑，面向东北，现在建筑面宽约130米，进深约75米，占地面积约8057平方米，由东西巷道分隔，左边建四排屋，右边建五排屋和两个炮楼组成。祠堂位于东南角第一排屋中间，祠堂为三开间两进，正门书"孙氏宗祠"，正对祠堂大门，原有一月池，现已填埋。炮楼位于东南角和东北角，高四层，天台顶，开有小窗，排屋以斗廊尖头排屋为主，部分为单元式，都带有阁楼，保存尚可。对研究本地区客家民居的演变有一定价值。

依据《区城市更新局征求宝龙街道龙新社区赤石岗片区城市更新单元拆除用地范围内文物保护事宜相关意见的复函》（深龙文体旅函〔2019〕24号），原址原貌保留围屋北侧字母楼及排屋（02-181至02-192共12间）；整体迁移保留东南角的炮楼（02-134）、第二排排屋北侧三间（02-245、02-244、02-208），占地面积54.33平方米。

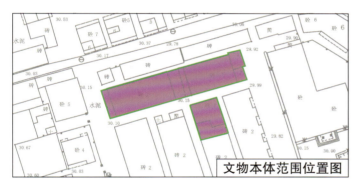

文物本体范围位置图

148. 新大坑

新大坑位于广东省深圳市龙岗区宝龙街道龙东社区新大坑村，建于清道光五年（1825年），正门朝北，面阔105米，进深70米，建筑占地面积11231平方米。三堂两横一围加倒座建筑，正面开三门，左右两门已堵，正门额书"新大坑"。大门一进有一牌坊书"尚义流芳"，祠堂位于中心，面阔三间深三进，中堂穿斗抬梁式梁架，有木雕。四个角楼屋顶已不存，右横屋已倒或改建，左边横屋尚存，正对大门有一月池，整体保存一般。

依据《关于区城市更新局征求宝龙街道新大坑片区城市片区城市更新单元规划相关意见的复函》（深龙文体旅函〔2018〕490号），原址原貌保留新大坑。

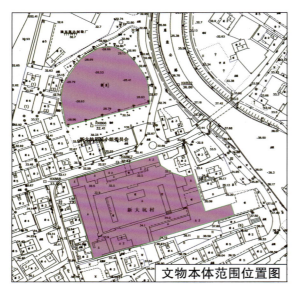

文物本体范围位置图

149. 大田世居

大田世居位于深圳市龙岗区宝龙街道龙东社区陈源盛老屋村 6 号，总占地面积为 10686 平方米，坐南朝北。通面阔 84 米，进深 80 米，三堂、四横、一围龙、四角楼，前有深圳市最大的月池，后有风水林，是融入徽派建筑元素和岭南建筑元素的客家围龙屋建筑。

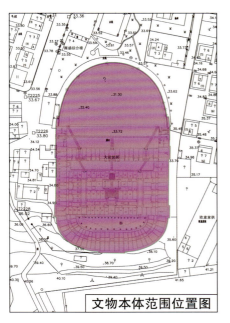

文物本体范围位置图

150. 棠梓新居

棠梓新居位于广东省深圳市龙岗区宝龙街道龙东社区沙背坜村，约建于清末时期，正门朝西南，面阔约 35 米，进深约 19 米，占地面积为 2214 平方米。原为三堂两横一围带四角楼建筑，现仅存三堂屋和东北角楼，均为土木结构。正门内凹 1.5 米，抬梁式梁架，刻有精美木雕，门额上书"棠梓新居"。祠堂位于中心，面阔三间深三进，中堂穿斗抬梁式梁架，两横屋已倒或改建。角楼高四层，平面呈长方形，四面开窗，顶部开有射击孔，天台女墙式。

按照《关于区土地整备中心征求宝龙街道龙新社区沙背坜村申报土地整备利益统筹项目相关意见的复函》（深龙文函〔2019〕46 号），原址原貌保留棠梓新居。

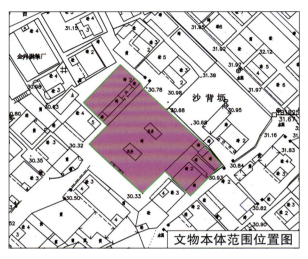

文物本体范围位置图

151. 桥背老围

桥背老围位于广东省深圳市龙岗区宝龙街道龙东社区桥背村，清末时期建筑，坐东朝西，面宽约 70 米，进深约 30 米，建筑占地面积 2783 平方米。整个老屋村以东西走向的巷道分隔，左右各建数排房屋，以单元式排屋为主，部分为斗廊齐头，土木结构。邱氏祠堂共有四个，其中三个位于第一排排屋内，两进式。另一个位于第三排排屋内。有一口井位于东南角，已废弃。祠堂主体结构完整，祠堂照前壁砖雕图案边饰基本保留。桥背老围原应为排屋围，因后期改建，整体保存状况一般。

按照《关于区城市更新局征求宝龙街道龙新社区桥背片区城市更新单元拆除用地范围内文物保护事宜相关意见的复函》（深龙文体旅函〔2019〕29 号），保留桥背老围正面一排三间宗祠，右侧三间大兴街 83 号民居和右后一排高大的民国建筑（桥背 2 巷 9 号排屋）。

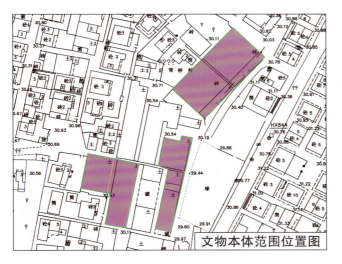

文物本体范围位置图

152. 尚义旧家

尚义旧家位于广东省深圳市龙岗区宝龙街道同乐社区老大坑村，清代建筑，正面朝西南，占地面积 4200 平方米，为三堂四横一围带伸手屋布局。建筑面阔 70 米，进深 60 米，土木结构。正面开三门，正门额书"尚义旧家"四字，正门与祠堂相对，两侧门与左右天街相对。祠堂面阔三间三进，左右横屋过道有改建现象，正大门外 10 米处是月池，半径为 32 米。月池与围之间建有两伸手屋，其为硬山顶，建筑墙体均用三合土夯筑而成，整体保存较差。

依据 2015 年专家复查评估意见，建议仅保存祠堂作为不可移动文物本体，占地面积 1040 平方米。

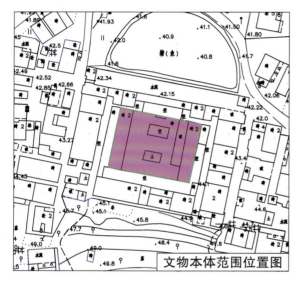

文物本体范围位置图

153. 阳和世居

　　阳和世居位于广东省深圳市龙岗区宝龙街道同乐社区阳和浪村，晚清建筑，正门朝西北，面阔约55米，进深约50米，占地面积2779.5平方米。为三堂两横四角楼一望楼带走马廊布局，土木结构。前部是围墙无围屋，左右围仍完整，后围剩一大半。南边横屋尚存，北边已倒，月池已填平。正面开三门，正门为石拱券门，门楣书"阳和世居"四字。祠堂为三开间三进，中堂前后出廊，穿斗与抬梁相结合梁架，方石柱，迎门上书"福禄寿"。角楼高三层，平面呈方形，歇山顶，船形脊，每层开窗及射击孔。南北侧顶层开小门，东西之间有走马廊。总体结构基本保持原貌，祠堂于2003年重修，保存较好。

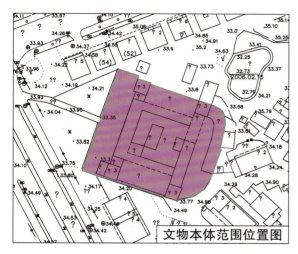

文物本体范围位置图

154. 吓坑围屋

吓坑围屋位于广东省深圳市龙岗区宝龙街道同乐社区吓坑村，清代建筑，正面朝西北，面宽约 60 米，进深约 77 米，建筑占地面积约 7200 平方米，由数排房屋和祠堂构成老屋村的整体。祠堂位于东南角，面阔 30 米，进深 35 米，为三开间三进式祠堂。中堂前后出廊，穿斗式与抬梁式相结合的梁架结构，圆形石柱顶梁，檐枋下饰有龙、凤、花等雕刻，后堂为一间，以墙代梁承重。禾坪左右各有一个转斗门，三合土墙，硬山顶，覆小青瓦。排屋均三间两廊带阁楼结构。现部分房屋倒塌，保存状况一般。

按照关于征求《龙坪路市政工程（龙岗段）沿线法定图则规划调整研究》意见的复函，尽可能原址保留黄氏祠堂。

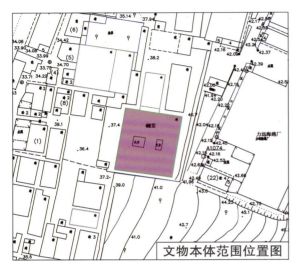

文物本体范围位置图

155. 云桥新居

云桥新居位于广东省深圳市龙岗区宝龙街道南约社区炳坑路马桥老屋村,中华民国时期建筑,正门朝南偏西25度,面宽约29米,进深约19米,建筑占地面积约为319.8平方米,整体为一炮楼拖一排屋。排屋中间开一正门,门额书"云桥新居"。进门后为天井,东西两侧分别为齐头和尖头三间两廊式建筑。炮楼高四层,上部楼板已塌落,顶部为锅耳式山墙,四面开瞭望窗。其中东面窗侧开横条形射击孔。整体保存一般,布局结构尚存。云桥新居炮楼样式为研究本地区的炮楼建筑有一定价值。

按照《深圳市龙岗区文化广电旅游体育局关于宝龙街道南约社区马桥片区申报城市更新单元计划相关意见的复函》,原址原貌保留云桥新居。

文物本体范围位置图

156. 璇庆新居

璇庆新居位于广东省深圳市龙岗区宝龙街道龙东社区沙背坜村，建于民国时期，正门朝南，通面阔 55 米，进深 40 米，占地面积约为 2057 平方米，整体布局为三堂两横带四角楼结构，现存两角楼。正面开三门，正门额书"璇庆新居"四字，祠堂为三进式，中堂梁架是穿斗式和抬梁式相结合，屋檐有木雕、灰雕，装饰精美。横屋高两层，砖木结构，硬山顶。角楼高三层，顶部有灰塑，四面开有小窗和射击孔，整体保存尚可。整体结构和布局保存得较好，梁架、基础、墙体、柱础等结构较为稳定。屋檐雕刻仍清晰可见，部分碑刻、雕塑已模糊不清，均受严重侵蚀，外围墙体也遭受腐蚀，总体结构保存原貌。

璇庆新居角楼为炮楼样式，比一般客家围的角楼高大，建筑山墙装饰极具西式风格。为研究本地区客家围和炮楼院的发展演变提供了重要资料。

按照《关于区土地整备中心征求宝龙街道龙新社区沙背坜村申报土地整备利益统筹项目相关意见的复函》（深龙文函〔2019〕46 号），原址原貌保留璇庆新居。

文物本体范围位置图

157. 兰水新居

　　兰水新居位于广东省深圳市龙岗区宝龙街道龙东社区兰二村，建于中华民国，坐东朝西，面宽约 43 米，进深约 19 米，占地面积约为 1072.9 平方米，排屋建筑由三个单元组成。阁楼位于一楼开有门，木制楼梯，门呈拱形西式风格，墙体顶门有壁画，在"文革"时期被破坏，现已模糊不清，整体布局尚存。兰水新居平面布局较为独特，对研究本地区传统民居的演变有一定价值。

　　按照《关于区土地整备中心征求宝龙街道龙新社区兰水片区申报土地整备利益统筹项目相关意见的复函》（深龙文函〔2019〕45 号），原址原貌保留兰水新居。

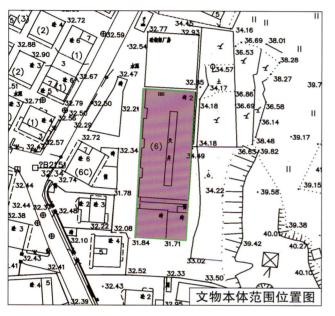

文物本体范围位置图

158. 赤石岗炮楼院

赤石岗炮楼院位于广东省深圳市龙岗区宝龙街道龙东社区赤石岗村，民国时期建筑，坐西朝东，面宽约33米，进深约30米，占地面积约1000平方米，为一炮楼带"T"字形房屋结构。大门顶部有西式浮雕。炮楼位于西北角，高五层，天台栏墙式，平面呈长方形，四面开窗。房屋为单元式带天井阁楼结构，均用三合土墙夯筑而成。总体保存尚可，灰塑很精致。赤石岗炮楼院布局特色明显，对研究本地区炮楼院式建筑有重要价值。

依据《区城市更新局征求宝龙街道龙新社区赤石岗片区城市更新单元拆除用地范围内文物保护事宜相关意见的复函》（深龙文体旅函〔2019〕24号），原址原貌保留赤石岗炮楼院，占地面积685.5平方米。

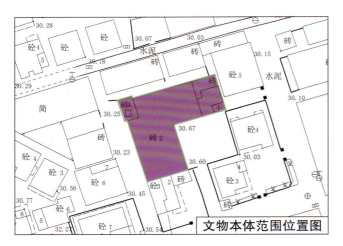

文物本体范围位置图

159. 大埔老围

大埔老围位于广东省深圳市龙岗区宝龙街道龙东社区大埔村，大部分房屋建于民国时期，正面朝北偏西15度，面宽约185米，进深约160米，建筑占地面积约13842平方米。村内有四姓祠堂，分别为钟氏、萧氏、陈氏、邓氏，以各姓祠堂为中心，周边建起数排排屋，由四条南北走向巷道隔。房屋以单元式排屋为主，有部分斗廊齐头三间两廊，均为三合土夯筑而成，硬山顶，覆小青瓦。部分房屋倒塌，村后的风水林尚存。房屋有部分腐蚀，月池已污染，其他建筑基本保存较完整。祠堂经维修，保存尚可，主体结构完整，但祠堂周边房屋因没人居住已有许多倒塌。

依据《关于区城市更新局征求〈龙岗区大埔片区统筹城市更新单元规划研究〉（征求意见稿）意见的复函》（深龙文体旅函〔2017〕433号），大埔老围专家建议推荐为历史建筑。

文物本体范围位置图

160. 沙背坳炮楼院

　　沙背坳炮楼院位于广东省深圳市龙岗区宝龙街道龙东社区沙背坳村，民国时期建筑，正门朝西南，面阔约20米，进深约30米，建筑占地面积374平方米，两排屋拖一炮楼布局。第一排排屋为四开间斗廊尖头三间两廊带天井阁楼结构。第二排为五开间三间两廊硬山顶建筑。炮楼院位于东南边，高四层，平面呈长方形，天台女墙式，四面开窗，顶部开有射击孔，东北面顶部有两锦鲤吐珠排水口，整体保存尚可。

　　按照《关于区土地整备中心征求宝龙街道龙新社区沙背坳村申报土地整备利益统筹项目相关意见的复函》（深龙文函〔2019〕46号），原址原貌保留沙背坳炮楼院。

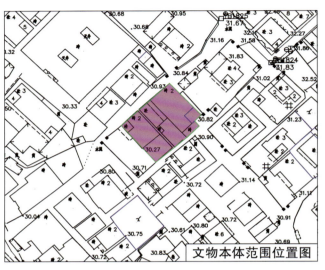

文物本体范围位置图

161. 黄屋炮楼

黄屋炮楼位于广东省深圳市龙岗区宝龙街道同乐社区黄屋村，中华民国建筑，坐南朝北，面宽约 31 米，进深约 10 米，占地面积 282.9 平方米，为一炮楼拖一排屋布局。排屋由三合土夯筑而成，硬山顶，五开间。正面开有两拱形门，三间两廊带阁楼结构，炮楼高三层，平面呈长方形，天台女墙方桶式，四面开有瞭望窗，顶层东面有两个锦鲤吐珠排水口，整体布局尚存。

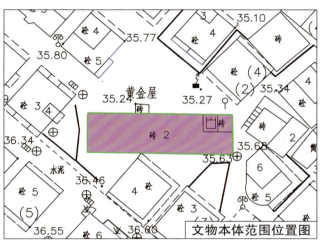

文物本体范围位置图

162. 同乐吓坑黄氏宗祠

同乐吓坑黄氏宗祠位于广东省深圳市龙岗区宝龙街道同乐社区吓坑老屋村，民国初年建筑，祠堂面阔9.16米，进深17.04米，占地面积150.09平方米，为三开间二进式祠堂，大门额塑"黄氏宗祠"，整体保存较好。

163. 龙跃世居

龙跃世居位于广东省深圳市龙岗区宝龙街道同乐社区池屋老屋村，清代建筑，正门朝东南，占地面积2010.61平方米，原为三堂两横建筑布局（后期将东北横屋改建）。正面开三门，正门门楣书"龙跃世居"四字。进大门后便是祠堂的下堂，祠堂三开间三进，后经重修，保存尚好。现建有三排房屋，均为齐头三间两廊。西南横屋尚存，三间两廊式，整体保存较差。

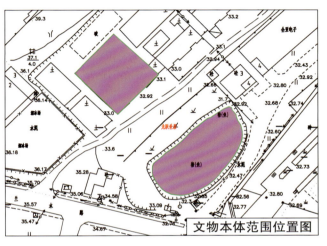

文物本体范围位置图

164. 胡仕从夫妇合葬墓

　　胡仕从夫妇合葬墓位于广东省深圳市龙岗区宝龙街道龙东社区沙背坜小区西北部菜地旁边的河背山山脚。墓向坐北朝南，为当地常见的砖砌葫芦形墓围，带墓碑和碑前供台。墓围最长处 4.5 米，最宽 2.8 米。墓碑文字记载此墓为清代光绪六年（1881 年）重修的胡仕从夫妇合葬墓。据当地村民介绍，此为当地胡氏的始祖墓，对了解当地胡氏的家族渊源和葬俗有一定的历史价值。

165. 南联村遗址

南联村遗址位于广东省深圳市龙岗区宝龙街道龙岗植物园内，南邻宝荷路，北邻世泰科技园，东邻正中高尔夫球练习场大门，西邻惠盐高速。2000 年 9 月深圳市进行第二次文物普查时，发现整个遗址保存较好，但因上部堆积较厚，杂草茂密，无法进行钻探，所以地层堆积情况不明。在调查时采集石锛 1 件，平面呈梯形，平顶，单面平刃，通体磨制光滑，体长 6.7 厘米，宽 4.6 厘米。推测遗址的年代为新石器时代晚期。此次复查，发现遗址的地形地貌保存较好，因果园植被茂盛，未采集到其他标本。

166. 新布老围

新布老围位于广东省深圳市龙岗区宝龙街道同乐社区新布村，面向西南，清代建筑。面宽约 60 米，进深约 78 米，占地面积约 4600 平方米，由三排房屋和两座炮楼组成。第一排是一炮楼拖一排屋建筑，炮楼位于南面，高三层，平面呈方形，天台女墙方桶式、四面开小窗，第二、三层开射击孔，顶层南面有两个锦鲤吐珠排水口，与之相隔的是另一座炮楼，高三层，平面呈长方形，四面开窗；第二排是十一开间的三间两廊式房屋，硬山顶。

依据《关于协助核查龙岗区同德社区土地整备利益统筹项目旧屋村认定范围涉及历史文物保护情况的复函》，将炮楼及两排拖屋作为文物本体加以保护。

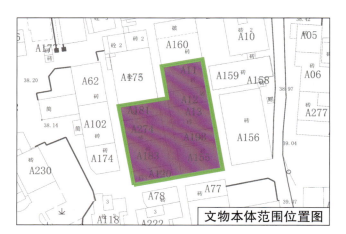

文物本体范围位置图

面向西南

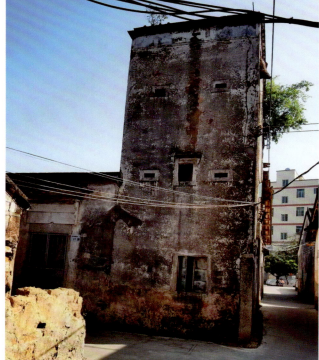

坪地街道

罗屋世居　吉坑世居

六联萧氏炮楼

新桥世居　坪地街道　瑞田世居

香元世居　六联香氏宗祠

坪西萧氏炮楼　岳湖岗林氏宗祠　年丰骆氏炮楼院
香元萧氏炮楼院　槐龙新居
麟阁世居　坪西八群堂　西湖塘新围　上围世彩新居
东兴书室　泮浪世居　坪西萧宏隆宅　西湖塘老围　西湖塘王氏大宅
乌料龙萧氏围　山塘尾萧氏宗祠　西湖塘王氏宅　年丰邓氏宗祠
坪西萧氏围屋　金岭世居　四方埔萧氏围屋　年丰余氏围屋
山塘尾萧氏围
富乐老井
中心余氏围屋

167. 年丰余氏围屋

年丰余氏围屋位于广东省深圳市龙岗区坪地街道年丰社区余屋村居民小组大水田，建于清代，面向西北，面宽 25 米，进深 50 米，建筑占地面积 1231 平方米。正门进去为一天街，一边为一进横屋，一边为两进横屋，中部为余氏宗祠，为两进一天井结构。墙体为夯土构成，砖木结构，灰瓦顶。整座围屋依山而建，是一处清代四角楼长扁型围屋，现整体保存一般。对研究本地区客家民居有一定历史价值。

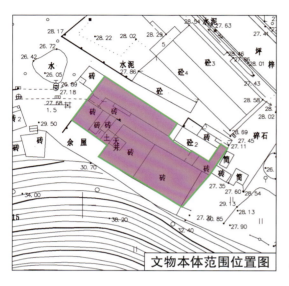

文物本体范围位置图

168. 年丰邓氏宗祠

邓氏宗祠位于广东省深圳市龙岗区坪地街道年丰社区矮岗村居民小组 12 号，建于清代，面向东南，面宽 38 米，进深 16 米，建筑占地面积 608 平方米。平面布局为两堂两横带角楼结构，前有禾坪和月池等组成，墙体为夯土和泥砖构成，中部为邓氏宗祠，两进一天井结构。正门上有"邓氏宗祠"四个大字，砖木结构，灰瓦顶。此为一处清代四角楼围屋，对研究本地区客家民居有重要价值。

依据 2019 年专家复查评估意见，保留炮楼，占地面积 23.69 平方米。

文物本体范围位置图

中心余氏围屋位于广东省深圳市龙岗区坪地街道中心社区上畲居民小组,建于清代,面向西北,面宽59.5米,进深42米,占地面积4275平方米。平面布局为三堂两横一天街两角楼结构,前由转斗门、禾坪和月池等组成。中部为余氏宗祠,三进两天井结构,正门上挂着"深圳市龙岗区坪地镇中心村上畲经济合作社"和"德育基地"两块单位牌,中堂上有"三兴堂"三个大字。围屋为泥砖墙,木梁架,灰瓦顶,是一处典型的清代客家围屋,现整体保存一般。

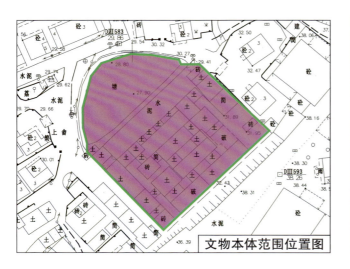

文物本体范围位置图

170. 西湖塘新围

　　西湖塘新围位于广东省深圳市龙岗区坪地街道坪东社区西湖塘村居民小组，建于清代，坐东北朝西南，占地面积有 11660 平方米。村前第一排有三间公用建筑，分别是"村委会""文化室""坪东"，为三开间两进结构。围村由十横巷十纵街组成，水泥铺设的路面，街巷分明，古建筑多为民国时期修复，为砖木结构，尖山式灰瓦顶，是一处清代晚期广府围村。整体保存较好，为研究本地区广府村落的演变有重要意义。

　　按照《关于区城市更新局征求坪地街道坪东社区西湖塘片区申报城市更新单元范围划定相关意见的复函》（深龙文体旅函〔2018〕473号），保留西湖塘新围前排房屋中的三间"村委会""文化室""坪东木门家具厂"以及"坪东木门家具厂"后的一排民居为不可移动文物，占地面积560平方米。

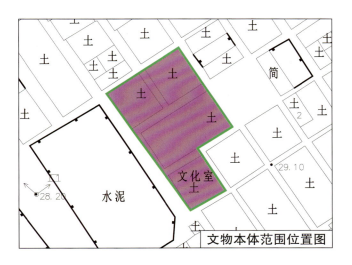

文物本体范围位置图

171. 西湖塘老围

西湖塘老围当地人称"乐淮堂"，位于广东省深圳市龙岗区坪地街道坪东社区西湖塘村居民小组（同心路边），建于明代，坐东北向西南，为坪地王氏始祖所创建。围堡呈正方形，边长约75米，占地面积5852平方米。外围有高3米的围墙，前后有门楼，四角有角楼，角楼高两层，门楼和角楼两边有镬耳山墙，墙体由夯土构成。围内王氏宗祠为两进一天井院结构，前有塾台和石檐柱，砖木结构，船形屋脊，屋檐下壁画有修缮年款"己丑年春月"，是典型的广府式宗祠建筑。围内房屋多为清代至民国时期修复，砖木结构灰瓦顶，巷道分明有秩，是一处典型的广府围。现整体保存较好，对研究本地区广府围的演变有重要价值。

按照《关于区城市更新局征求坪地街道坪东社区西湖塘片区申报城市更新单元范围划定相关意见的复函》（深龙文体旅函〔2018〕473号），保留西湖塘老围。

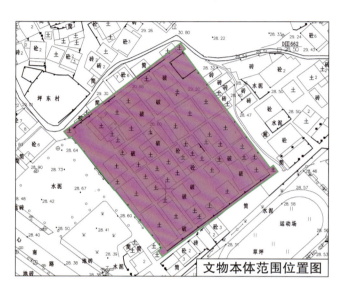

文物本体范围位置图

172. 四方埔萧氏围屋

四方埔萧氏围屋位于广东省深圳市龙岗区坪地街道四方埔社区四方埔居民小组,建于清代,面向东北,面宽86米,进深43米,建筑占地面积6465平方米。平面布局为三堂四横四角楼一枕杠结构,后有天街,前有禾坪和月池等。角楼高两层,面三开大门,中部为萧氏宗祠,三进两天井结构,中堂有"露滺堂"牌匾。围屋墙体为夯土构成,木构梁架,船形屋脊,是一处比较典型的清代客家围屋,现整体保存一般。

按照《关于坪地四方埔社区土地整备利益统筹项目旧屋村范围内文物保护事宜相关意见的复函》(深龙文体旅函〔2019〕39号),原址原貌保留四方埔萧氏围屋。

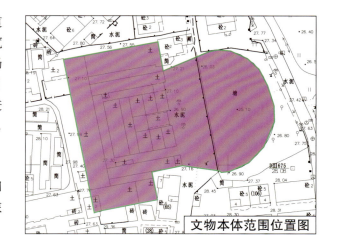

文物本体范围位置图

173. 槐龙新居

　　槐龙新居位于广东省深圳市龙岗区坪地街道坪东社区西湖塘新围 11 号旁，建于清代末期，面向东南，面宽 20 米，进深 50 米，建筑面积 1085 平方米，由四排屋组成。正面开一门，门额上有"槐龙新居"灰塑匾额。第二排开两门，五开间两进结构。第三排和第四排为民国时期加建，砖木结构，博古屋脊。整座建筑饰以精美的木构、壁画和灰塑屋脊等保存尚好，是一处清代广府庭院式民居建筑，现整体保存较好。

文物本体范围位置图

174. 西湖塘王氏大宅

　　西湖塘王氏大宅位于广东省深圳市龙岗区坪地街道坪东社区西湖塘居民小组，建于清代末期，面向东南，面宽28米，进深37米，建筑占地面积1003平方米，由三排屋组成。面开七大门十五开间结构，单间为广府式天井院，砖木结构，灰瓦顶，是一处典型的广府式排屋。

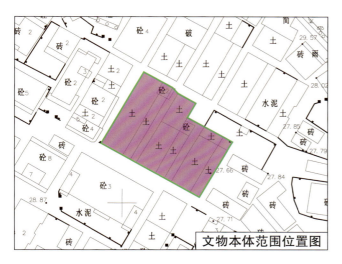

文物本体范围位置图

175. 西湖塘王氏宅

西湖塘王氏宅位于广东省深圳市龙岗区坪地街道坪东社区西湖塘八队 15 号旁，建于清代末期，面向东南，面宽 20 米，进深 23 米，建筑占地面积有 339 平方米，为两大门五开间，砖木结构，博古屋脊。整体格局保存完好，房屋基础、墙体保存完好，外墙风化，结构稳定，檐下壁画保存完好，门上匾额遭破坏。王氏宅是一典型的清末民初广府民居。

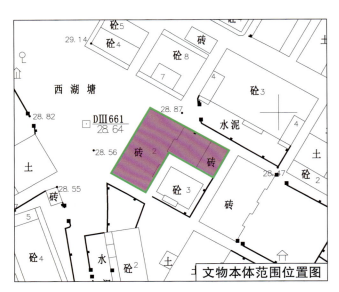

文物本体范围位置图

176. 富乐老井

富乐老井位于广东省深圳市龙岗区坪地街道中心社区富乐居民小组，建于清代。井面呈方形，由四条长1.25米的青麻石砌成。井身为夯土圈，井深约3米，四周有夯土围墙，旁边有井神伯公，井水清澈见底，现保存较好。

文物本体范围位置图

177. 金岭世居

　　金岭世居位于广东省深圳市龙岗区坪地街道中心社区寿利居民小组，建于清道光六年（1826年），面向东南，面宽72米，进深35米，占地面积有2620平方米。平面布局为三堂两横一倒座结构，前有禾坪和月池等，外围墙为夯土结构。一进大门有天街，中部为萧氏宗祠，前有檐柱，三进两天井结构，门上是"寿荣公祠"石匾，中堂有"燕翼诒谋"木匾，后堂有"有德堂"木构神龛。砖木结构，围内保存有大量精致的雕刻和绘画，是一处清代客家围屋，现整体保存较差。

　　按照《关于坪地街道坪地中心社区GX01更新单元申请城市更新单元范围划定相关意见的复函》（深龙文函〔2019〕213号），原址原貌保留金岭世居祠堂，占地面积246.4平方米。

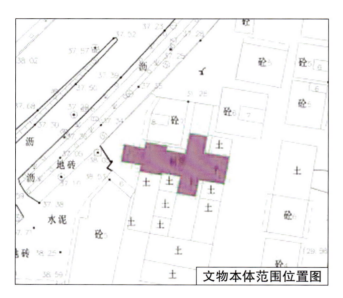

文物本体范围位置图

178. 山塘尾萧氏围

山塘尾萧氏围位于广东省深圳市龙岗区坪地街道中心社区山塘尾居民小组，建于清代，坐西朝东，坪地石灰围客家萧姓分支于此建村，占地面积约2906平方米。中部为萧氏宗祠，为三进两天井结构，面宽9米，进深24米，屋前有四根檐柱。围村有四横巷两纵街组成，前有禾坪和月池，古建筑多为民国时期修缮。单体建筑为广府式民居建筑，砖木结构，是深圳地区一处客家人聚居的排屋围村。对研究本地区客家民居的演变有一定价值。

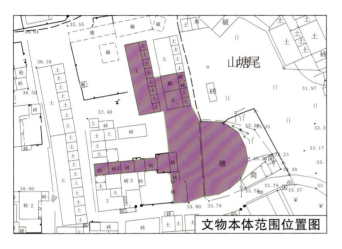

文物本体范围位置图

179. 山塘尾萧氏宗祠

　　山塘尾萧氏宗祠位于广东省深圳市龙岗区坪地街道中心社区山塘尾居民小组，建于清代，面向东北，面宽12米，进深24米，建筑占地面积512平方米。平面布局为三进两天井，正门上有"萧氏宗祠"石匾，中堂有"师俭堂"木匾，前有禾坪和月池等。砖木结构，船形屋脊，是一座清代宗祠建筑。据了解，该宗祠是坪地石灰围萧氏分支山塘尾萧氏三大房所奠立，现整体保存较好。山塘尾萧氏宗祠的年代可到清代早期，是现存年代较早的宗祠之一。

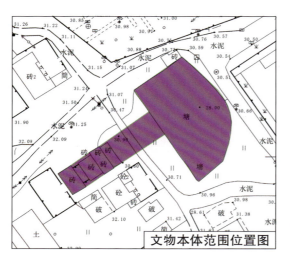

文物本体范围位置图

180. 坪西萧宏隆宅

坪西萧宏隆宅位于广东省深圳市龙岗区坪地街道中心社区山塘尾居民小组，始建于清代，朝向北偏东30度。据萧氏后人述说，民国时期新加坡华侨萧宏隆大规模加建，现面宽29米，进深14米，建筑占地面积444平方米，平面布局为面开三门七开间两进结构，高两层。东门匾额"勤可成功"，中门匾额"兰桂胜芳"，西门匾额"俭能致富"，砖木结构，是一处比较典型的斗廊排屋，现整体保存较好。

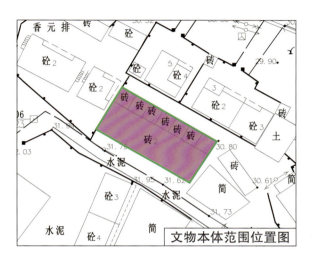

文物本体范围位置图

181. 坪西萧氏围屋

坪西萧氏围屋位于广东省深圳市龙岗区坪地街道坪西社区花园居民小组花园路旁，建于清代，面向西北，面宽63米，进深33米，占地面积有3857平方米。平面布局为三堂两横结构，由前排屋、禾坪及月池等组成。中部为萧氏宗祠，三进两天井结构，围屋为夯土墙，木梁架，灰瓦顶，是一处清代客家围屋，现整体保存一般。

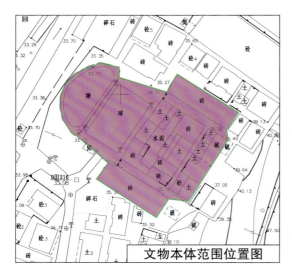

文物本体范围位置图

182. 乌料龙萧氏围

乌料龙萧氏围位于广东省深圳市龙岗区坪地街道坪西社区乌料龙居民小组，建村于清代，坐西朝东，占地面积约 2358 平方米。泮浪世居萧氏后人于此建村，后来不断往周边增建。围村由三横巷三纵巷组成，村中古建筑多为民国时期修缮，巷道分明，现已改铺水泥路面。正中间为萧氏宗祠，夯土墙，木梁架，灰瓦面，是一座始于清代的客家围村，现整体保存一般。

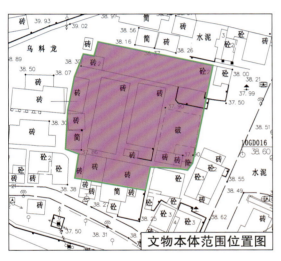

文物本体范围位置图

183. 泮浪世居

　　泮浪世居位于广东省深圳市龙岗区坪地街道坪西社区新屋场居民小组，建于清乾隆三十四年（1769年），坐北朝南，面宽70米，进深75米，建筑占地面积6344平方米。平面布局为三堂四横四角楼结构，前有禾坪、月池和水井等，正门上有匾题"泮浪世居"，背后为"永锡九如"。进正门后有宽阔天街，角楼高两层，有铜钱形枪眼，中部为萧氏宗祠，门上有"萧氏宗祠"石匾，三进两天井结构，前有两根石檐柱，后堂神龛对联"始开七祖之基肯构肯堂既沐先灵有昹，今瑜百男之业俾昌俾识还期世德流芳"。围屋有夯土墙，砖木结构，灰瓦顶，船形屋脊，后期陆续向两边修建横屋。该围楼于1983年和2003年经过大规模保护重修，现保存较好。

　　依据《关于深圳国际低碳城规划范围内文物保护事项的函》（深龙文体旅函〔2014〕155号），保留泮浪世居。

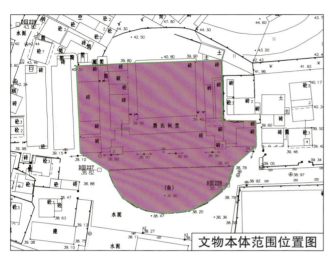

文物本体范围位置图

184. 麟阁世居

麟阁世居位于广东省深圳市龙岗区坪地街道坪西社区沃头居民小组，建于清代，面向东南，面宽84米，进深64米，建筑占地面积有5376平方米。平面布局为三堂四横结构，有倒座，两边侧门内进。正门额上有"麟阁世居"匾题，中间为萧氏宗祠，三进两天井结构，门上有"萧氏宗祠"匾，中堂有"谱传麟阁"，后堂神龛对联"祖德源流千载盛，宗枝奕万年兴"。围屋为夯土墙，土木结构，灰瓦顶，是一座清代典型客家围屋，现整体保存较差。

依据2019年专家复查评估意见，保留麟阁世居萧氏宗祠，占地面积281平方米。

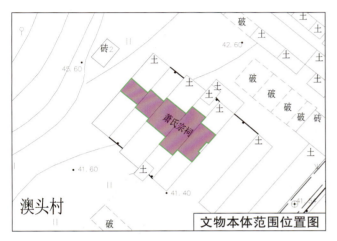

文物本体范围位置图

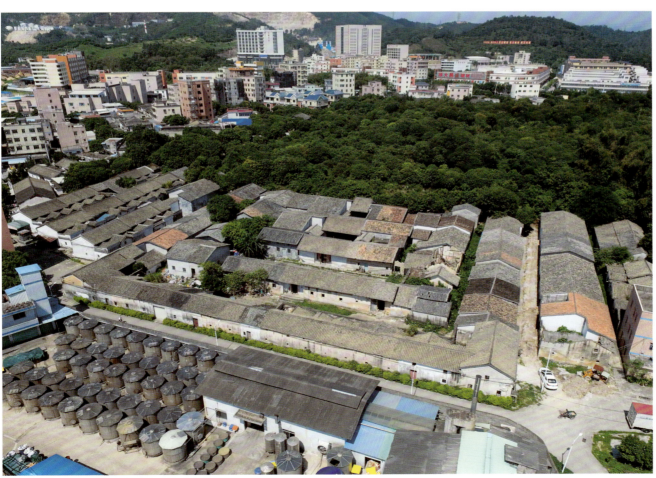

185. 东兴书室

东兴书室位于广东省深圳市龙岗区坪地街道坪西社区沃头居民小组（麟阁世居西南侧），原名"东兴书室"，朝向南偏东35度。始建年代不详，清光绪二十九年（1894年）重修过，于1933年改成东兴学校，立有"东兴学校"牌楼，背后为"天下为公"。书室面宽18米，进深15米，建筑占地面积270平方米。平面布局为五开间两进一天井，砖木结构，后进正中间为关帝庙。原为当时萧氏家族的书室，又兼为关帝庙，民国时期改成当地公共学校，现整体保存较好。

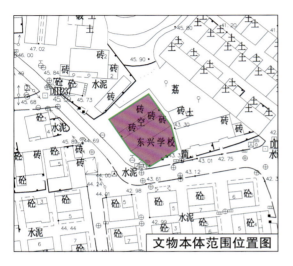

文物本体范围位置图

186. 新桥世居

新桥世居位于广东省深圳市龙岗区坪地街道坪西社区高桥居民小组，建于清代，面向东南，面宽 64 米，进深 40 米，建筑占地面积 9714 平方米。平面布局为三堂四横四角楼结构，前有禾坪和月池等，正门上有"新桥世居"匾。角楼高四层，中间为萧氏宗祠，后堂神龛有对联"系接揭阳先祖源流远，谱传坪地后人世业长"，横批"承启堂"。围屋为夯土墙，木梁架，是一处清代大型客家围屋，现整体保存较差。

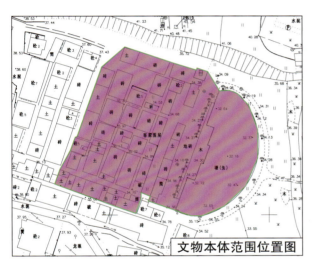

文物本体范围位置图

187. 香元世居

　　香元世居位于广东省深圳市龙岗区坪地街道坪西社区香元居民小组，建于清代，朝北偏东40度，占地面积约1821平方米。围村由四横巷两纵街组成，前有禾坪和月池，正前面开二门，分别额书"萧氏家祠"和"香元世居"，均为三进两天井，砖木结构，是一处清代客家围村。

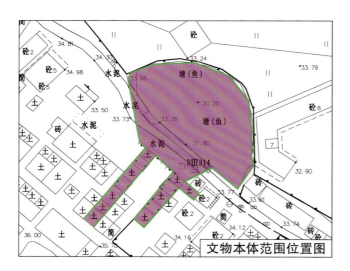

文物本体范围位置图

188. 罗屋世居

罗屋世居位于广东省深圳市龙岗区坪地街道六联社区罗屋居民小组，建于清代，面向东南，面宽 68 米，进深 48 米，建筑占地面积有 4820 平方米。平面布局为三堂两横两角楼结构，前有倒座、禾坪和月池，一进为天街，角楼高两层，中间为罗氏宗祠，三进两天井结构，中堂上挂有"深圳市龙岗区坪地镇六联村罗屋经济合作社"和"罗屋自然村办公室"两块单位牌。围屋为夯土墙，木梁架，灰瓦顶，是一处清代客家围屋，现整体保存一般。

文物本体范围位置图

189. 六联香氏宗祠

香氏宗祠位于广东省深圳市龙岗区坪地街道六联社区老香新村居民小组,建于清代,面向东北,面宽10米,进深17米,建筑占地面积有185平方米。平面布局为两进一天井结构,门额上有"香氏宗祠"石匾,前有塾台和石檐柱。宗祠砖木结构,灰瓦顶,船形屋脊,颇有气势,是一处清代的广府宗祠建筑,现整体保存较好。

文物本体范围位置图

190. 瑞田世居

　　瑞田世居位于广东省深圳市龙岗区坪地街道六联社区刘屋居民小组，建于清代，朝向南偏西 20 度，面宽 48 米，进深 30 米，建筑占地面积有 1440 平方米。平面布局为三堂两横四角楼结构，前有倒座、禾坪和月池等。面开三门，正门上有"瑞田世居"匾额。角楼高两层，中间为刘氏宗祠，三进两天井结构，中堂有"彭城堂"木匾。围屋为夯土墙，木梁架，灰瓦顶，是一处典型的清代客家围屋，现整体保存较好。

　　依据 2019 年专家复查评估意见，保留瑞田世居彭城堂，占地面积 687 平方米。

文物本体范围位置图

191. 上围世彩新居

上围世彩新居位于广东省深圳市龙岗区坪地街道年丰社区上围村居民小组，建于 1961 年，面向东南，面宽 42 米，进深 30 米，建筑占地面积 1535 平方米。平面布局为三堂两横四角楼结构，前有禾坪和月池等，门额上有"世彩新居"灰塑。砖木结构，是一处具有代表性的近现代四角楼客家围屋。据廖家老人说，该新居是由世彩安居分房出来的。整体格局完好，梁架、基础、墙体、柱础等构件完好，结构稳定，壁画保存完好。

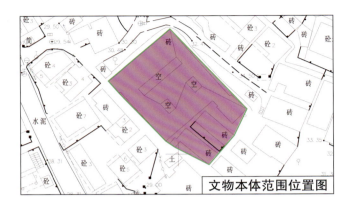

文物本体范围位置图

192. 年丰骆氏炮楼院

年丰骆氏炮楼院位于广东省深圳市龙岗区坪地街道年丰社区田坑村居民小组，建于中华民国时期，坐东向西，面宽16米，进深10米，建筑占地面积219.6平方米。整座建筑由一座天井院加一座炮楼组成，平面布局为三开间两进结构。炮楼高三层，墙上有长方形和葫芦形石枪眼。砖木结构，是一座民国时期具有自我防卫功能的代表性建筑。

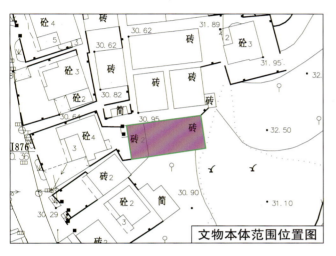

文物本体范围位置图

193. 坪西八群堂

坪西八群堂位于广东省深圳市龙岗区坪地街道坪西社区沃头居民小组，建于中华民国二十一年（1932年），坐东北朝西南。为斯里兰卡华侨萧毓阑所建，他育有八子二女，取名"八群堂"，其含义是希望八子都能成材和出人头地。建筑面宽52米，进深约40米，占地面积约2914平方米，面开三大门，平面为客家式围屋布局，两边带炮楼，墙上有长方形枪眼，高五层。东边角楼顶层外观为哥特式风格，西角楼顶层外观巴洛克式风格。围内还有典型的广府式民居建筑，多为民国时期修缮，夯土墙，木梁架，灰瓦面。后堂是中西合璧式建筑，为五开间带廊柱的两层结构建筑，宽21.5米，进深14.6米，钢筋混凝土结构。该围屋是一处中西合璧式带角楼的客家围屋民居建筑。1942年曾遭到日军飞机轰炸，炸毁围屋的门楼和倒座部分，现整体保存一般。其基本格局尚好，结构稳定，现存两炮楼。八群堂的布局结构独具特色，是晚清民国以来客家民居的代表，对研究客家围和炮楼院的发展演变具有重要作用。

依据《关于深圳国际低碳城规划范围内文物保护事项的函》（深龙文体旅函〔2014〕155号），原址原貌保留坪西八群堂。

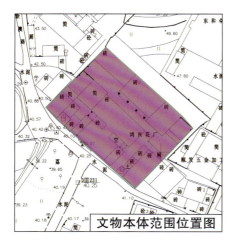

文物本体范围位置图

194. 坪西萧氏炮楼

　　坪西萧氏炮楼位于广东省深圳市龙岗区坪地街道坪西社区新屋场居民小组，建于中华民国，坐西朝东，面宽 4 米，进深 5 米，占地面积有 28 平方米。炮楼底部呈长方形，高三层，墙上有长方形枪眼，夯土墙，木梁架，是一座民国时期典型建筑，现整体保存较好。

　　依据《关于深圳国际低碳城规划范围内文物保护事项的函》（深龙文体旅函〔2014〕155 号），保留坪西萧氏炮楼。

文物本体范围位置图

195. 香元萧氏炮楼院

香元萧氏炮楼院位于广东省深圳市龙岗区坪地街道坪西社区香元居民小组，建于中华民国，面向东北，由一炮楼四排屋组成炮楼院，排屋均面宽 36 米，进深 10 米。平面布局为四门九开间两进结构，边上有一座四层高的炮楼，夯土墙，木梁架，灰瓦顶，前有一口水井。东面 50 米有香元世居。现整体保存较好。该炮楼对研究本地区的炮楼院建筑有重要价值。

依据《关于深圳国际低碳城规划范围内文物保护事项的函》（深龙文体旅函〔2014〕155 号），保留香元萧氏炮楼，占地面积 428 平方米。

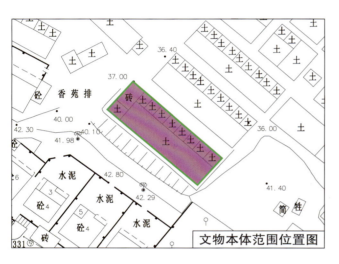

文物本体范围位置图

196. 六联萧氏炮楼

六联萧氏炮楼位于广东省深圳市龙岗区坪地街道六联社区屯圩居民小组楼角，建于民国时期，面向西南，占地面积约 10 平方米。炮楼底部呈长方形，高四层，天台女墙式，墙上有长方形枪眼，夯土墙，木梁架。炮楼保存完整，房屋基础、墙体保存完好，外墙风化，结构稳定。

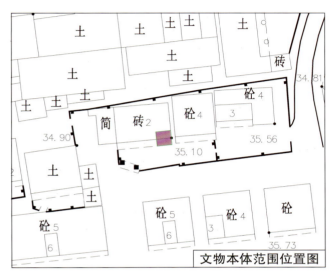

文物本体范围位置图

197. 金鱼岭遗址

金鱼岭遗址位于广东省深圳市龙岗区坪地街道六联社区新香居民小组的东部长条形台地上，西临龙岗河上游支流黄沙河，东至惠盐高速。台地东部、西部分别种植果树和蔬菜。土质为颗粒较粗的黄沙土。遗址南北长约80米，东西宽50米，面积约为4000平方米。遗址于1984年深圳市第一次文物普查时被发现，当时采集了少量陶片，纹饰主要有方格纹、"米"字纹，遗址年代定为战国时期。2009年第三次全国文物普查时进行复查，发现遗址的地形地貌保存较好。经钻探，该遗址文化层厚约40厘米。采集到一片夹粗砂灰陶片，推断年代可能可以早到新石器时代晚期。

198. 雷公塘遗址

雷公坑遗址位于广东省深圳市龙岗区横岗街道西坑社区雷公坑。雷公坑是叫仔山东南坡下的一个山洼地，原先有村庄，改革开放后迁往新的居民小区，现在被开垦为菜地。在雷公坑西侧山坡的第三级菜地，紧靠山坡上龙眼果园的断面上，采集到陶片若干，并可以看见文化堆积层厚约 40 ~ 80 厘米。另外在第二级台地的断面上发现有 4 ~ 5 米长的黄褐色略带红色土的文化层，厚约 15 ~ 20 厘米，并向菜地内延伸，这一带可能是遗址的中心点，面积有 3000 多平方米。采集到的陶片有泥质红陶、泥质灰陶和夹砂红陶、夹砂灰陶，纹饰有夔龙纹、方格纹、素面等。另采集到残石器一件，似为斧或锛之残件，时代特征为东周时

期。雷公坑遗址处于叫仔山的东北坡，距叫仔山西北坡的石肚龙遗址 250 米远，相隔一个山脊，但地形条件比石肚龙遗址更好，并且发现有明显的文化层堆积，应是此地区同时期文化的一个中心，具有较高的历史与考古价值。

深圳市龙岗区人民政府办公室关于印发《龙岗区未定级不可移动文物管理办法（修订版）》的通知

深龙府办规〔2019〕2 号

各街道办事处，区直各单位，驻区各单位，区属各企业：

《龙岗区未定级不可移动文物管理办法（修订版）》已经区政府同意，现予印发，请遵照执行。

深圳市龙岗区人民政府办公室

2019 年 11 月 19 日

龙岗区未定级不可移动文物管理办法（修订版）

第一章　总　则

第一条【立法目的与依据】为进一步加强对龙岗区未定级不可移动文物的保护，提升未定级不可移动文物的管理及合理利用水平，根据《中华人民共和国文物保护法》《中华人民共和国文物保护法实施条例》《广东省实施〈中华人民共和国文物保护法〉办法》《关于加强文物保护利用改革的若干意见》《深圳市龙岗区人民政府关于进一步加强龙岗区文物工作的实施意见》等有关规定，结合我区实际，制定本办法。

第二条【适用范围】本办法适用于本行政区域内未定级不可移动文物的保护、管理、合理利用及撤销等。

本办法所称未定级不可移动文物，是指我区尚未核定公布为文物保护单位的不可移动文物，主要包括第三次全国文物普查后龙岗区政府及区文物行政部门公布的及新发现的未定级不可移动文物。

本办法所称区文物行政部门是指深圳市龙岗区文化广电旅游体育局。

第三条【管理原则】未定级不可移动文物的管理工作，贯彻"保护为主、抢救第一、合理利用、加强管理"的文物工作方针。

第四条【保护责任】一切机关、组织和个人都有依法保护文物的义务，并有权制止、检举和控告违反文物保护法律法规的行为。

第五条【部门职责】各街道办事处履行属地管理职责，负责辖区内不可移动文物的日常保护；区文化广电旅游体育局负责全区文物的监督管理工作；区发展和改革局应将文物工作纳入国民经济和社会发展的相关规划；区财政局负责落实文物保护资金、区政府物业管理中心负责接收城市更新项目中保留的未定级不可移动文物产权，并委托给所在街道办使用及管理；区城市更新和土地整备局应及时向区文物行政部门征求更新片区的文物保护意见；市规划和自然资源局龙岗管理局应将文物保护规划纳入城乡建设规划中；市消防支队龙岗大队负责配合查处全区文物消防违法违规案件，指导做好全区文物的消防安全检查工作。区其他相关行业主管部门依各自职责分工履行各自行业领域涉及未定级不可移动文物的管理职责。

第六条【联席会议】建立龙岗区不可移动文物保护与合理利用工作联席会议制度（以下简称"联席会议"），分管区领导为召集人，成员单位由区发改、司法、财政、住房建设、文化广电旅游体育、城管和综合执法、政务服务数据管理、应急管理、城市更新和土地整备、建筑工务、团委、公安、规划和自然资源、消防等部门及各街道办事处组成。

联席会议成员单位应当重视未定级不可移动文物的保护，正确处理经济建设、社会发展与文物保护的关系，确保文物安全。联席会议负责统筹指导、组织协调全区未定级不可移动文物保护与合理利用及撤销等工作。联席会议办公室设在区文物行政部门，负责监督管理全区未定级不可移动文物及各项日常工作。

第七条【专家委员会】设立龙岗区不可移动文物保护与合理利用专家委员会（以下简称"专家委员会"），由政府和非政府相关专业人士组成，包括文物保护、建筑、历史、考古、博物馆、民俗文化研究、结构、规划、艺术设计、安防、消防等方面的专家。专家委员会按照规定负责未定级不可移动文物的评估推荐、规划保护、合理利用及撤销等事项的评审工作，对文物保护工程材料、工艺提出合理化建议，为联席会议和区政府决策提供咨询意见；同时为我区未定级不可移动文物的保护与合理利用出谋献策。

第八条【社会参与】区文物、教育、科技、新闻出版、广播电视行政主管部门以及报刊、广播、电视、互联网等媒体，应当加强文物保护的宣传教育工作，增强全社会的文物保护意识。

第二章　未定级不可移动文物保护对象的确定

第九条【认定程序】新发现不可移动文物的认定工作，根据《文物认定管理暂行办法》《不可移动文物认定导则（试行）》相关规定执行，具体实施程序如下：

（一）由区文物行政部门组织相关部门进行普查登记；

（二）由专家委员会负责对已经普查登记的历史遗存，进行历史、艺术、科学价值的评估；

（三）在全面评估的基础上，专家委员会向区文物行政部门提出推荐意见；

（四）区文物行政部门根据专家委员会的推荐意见向拟公布为不可移动文物的产权人征求意见，符合《物权法》等相关规定的，选择公布为不可移动文物；同时，报区政府和上级文物行政主管部门备案。

第十条【推选区保】未定级不可移动文物中具有较高历史、艺术、科学价值的，经业主同意，并经专家委员会评审后，报区政府公布为区级文物保护单位，同时报上级文物行政主管部门备案。

第十一条【预保护】新发现的非国有历史文化遗存拟公布为不可移动文物，在征求产权人意见后未获同意的，应组织专家委员会对其保护价值进行深度论证，确定具备重要保护价值的，区文物行政部门应以书面形式通知其属地街道办事处，并通知产权人，将其列为"预保护对象"实施保护，由属地街道办事处负责对"预保护对象"实施监督。实施"预保护"的有效期为两年。预保护期间不得人为损毁"预保护对象"。两年内未获得使用权且无其他办法解决的，"预保护对象"的保护要求自动撤销。

第十二条【使用权及管理权的获得】未定级不可移动文物及"预保护对象"的使用权及管理权可通过以下途径获得：

（一）以所在街道办事处为主体进行统租；

（二）由国有企业或民营企业进行统租；

（三）如该未定级不可移动文物涉及城市更新，则按照城市更新相关规定实施；

（四）符合法律规定的其他解决办法。

第三章 未定级不可移动文物的保护

第十三条【保护范围的要求】未定级不可移动文物公布后，应结合城市规划系统，合理划定保护范围，制定保护措施，按程序纳入"多规合一"系统。在未定级不可移动文物保护范围内开展建设工程项目，建设方案需经区住房建设部门审核后，报区文物行政部门审批。

重大工程选址，应当尽可能避开未定级不可移动文物。确因关系到国计民生的重大建设工程需要异地迁移的，建设主体应将迁移工程设计方案报区规划和自然资源部门确认后报区文物行政部门审批。

第十四条【日常保护】各街道办事处按照属地管理原则负责本区域内未定级不可移动文物的日常保护工作，并将文物保护经费列入财政预算。未定级不可移动文物的产权人或实际管理人、使用人是文物安全的第一责任人。

第十五条【提高保护积极性】区文物行政部门通过提供技术咨询、专业培训、信息共享和给予补贴等方式，提高未定级不可移动文物产权人或使用人保护文物的积极性。

第十六条【文物保护工程】未定级不可移动文物保护工程的实施，勘察设计方案可由建设单位自行编制或委托专业机构编制，不设资质要求。工程施工和工程监理须由具备文物保护工程相应资质的单位承担，并按照《文物保护工程管理办法》的相关要求和程序，依法履行方案审批、开工许可手续，在获得批准后方可实施。

文物保护工程项目安全管理参照龙岗区小散工程和零星作业安全生产纳管有关规定执行。区文物行政部门在工程实施期间对工程质量进行检查监督。

文物保护工程完工后，建设单位应按要求备齐竣工资料报区文物行政部门组织竣工验收。

第四章 城市更新中未定级不可移动文物的保护

第十七条【立项阶段】城市更新单元在制定计划申报过程中，区城市更新部门需在项目立项阶段就城市更新单元范围内是否存在未定级不可移动文物及其保护要求向区文物行政部门征求意见。

第十八条【专规编制】城市更新单元范围内如涉及未定级不可移动文物，区城市更新部门需督促城市更新申报主体按相关规定编制《历史文化保护与利用专项研究》，在征求专家委员会意见后报区文物行政部门审核。

第十九条【迁移保护】对于城市更新项目中的未定级不可移动文物应首选原址原貌保护，无法实施原址保护而须迁移异地保护的，在取得区文物行政部门明确同意意见后，由实施主体提出迁移选址方案，报区规划和自然资源部门审批确认，再编制迁移工程设计方案报区文物行政部门审批通过后实施。

第二十条【产权流转】城市更新项目中保留的未定级不可移动文物，实施主体取得产权后，将土地及地上建筑产权无偿移交政府的，可在专规申报阶段给予奖励容积。

区政府物业管理中心在接收产权后，委托所在街道办事处使用、管理，并由所在街道办事处无偿将不可移动文物的使用权交付城市更新实施主体，由其负责项目中保留的不可移动文物的修缮整治、日常保养维护与合理利用工作，并承担相应费用及责任。

第二十一条【整村统筹】土地整备利益统筹项目参照本章第十七至二十条实行。

第五章 未定级不可移动文物的合理利用

第二十二条【利用原则】在对未定级不可移动文物实施有效保护的过程中，可根据文物的历史、艺术、科学价值及存续年份、完好程度等，实行分级保护、分类利用。合理利用方案须经区文物行政部门审批通过后方可实施。

第二十三条【利用类型】未定级不可移动文物可以根据项目条件，选取"政府主导型""城市更新型""自主利用型"三种方式之一进行有效合理利用。合理利用主体与文物所在街道办事处签订协议，承担相应的保护与利用的义务，申请相应的政府扶持。具体由区文物行政部门另行制定实施细则。

第二十四条【政府主导型项目】"政府主导型"项目由项目所在街道办事处开展文物统租工作，并由其作为项目建设单位将文物修缮工程作为政府投资项目推进实施，完成公开招选利用主体工作。合理利用主体应确保合理利用项目的公益属性，非公益类用途区域占比原则上不高于文物总建筑面积的50%，且每年组织的活动吸引到访参观的人数不低于10000人次。

第二十五条【城市更新型项目】"城市更新型"项目的合理利用按本办法第二十条开展实施。

第二十六条【自主利用型项目】"自主利用型"项目由合理利用主体与文物产权人自行签订租赁协议，项目所在街道办事处按政府投资项目相关管理规定按程序向区发改部门申报立项、可研及概算批复。在修缮工程完工后，按工程投资概算的30%核拨补贴资金。合理利用主体应承担文物建筑整体修缮、合理利用以及日常保养维护的责任及费用，并确保每年举办不少于两场次的优秀历史文化传承与推广活动。

第二十七条【利用方向及配套】鼓励支持社会团体、企业和个人利用未定级不可移动文物发展文化创意、旅游休闲、文化研究，开办展馆、博物馆，以及以其他形式对文物进行的合理利用。合理利用主体可根据实际需求在履行报批手续后实施本体维修以及消防、安防、防雷等安全防范工程以及配套的水电安装工程，以满足对外开放及合理利用的基础条件。

第二十八条【公众参与】建立未定级不可移动文物合理利用公众参与机制。建立志愿者队伍，在文物集中开放及相关重大活动期间，向公众介绍文物的建筑特色、历史文化以及文物保护等相关知识。鼓励、支持成立未定级不可移动文物保护与利用的民间组织，扩大民间组织在文物保护与利用上的作用。

第二十九条【周边环境】在未定级不可移动文物周边范围内设置广告、招牌等，应当符合城市管理相关规定。

第六章　古遗址保护

第三十条【遗址保护】关于本行政区域内在第三次全国文物普查后经区政府公布为不可移动文物的地下古遗址涉及工程建设，需要进行考古调查、勘探、发掘工作的，由区文物行政部门负责在上级文物行政主管部门的指导下依法依规开展。

第七章　未定级不可移动文物的撤销

第三十一条【因失去保护价值导致的撤销】未定级不可移动文物严重损毁、灭失、丧失文物价值的，由文物所在地街道办事处向区文物行政部门提出审查名单，区文物行政部门组织专家论证。确认不具备文物价值的，经区文物行政部门向社会公示无异议后，提请召开联席会议进行决议；决议通过后，由区文物行政部门根据联席会议决议意见，编制完整的档案资料后进行撤销，同时在新闻媒体上予以公布。

第三十二条【因建设工程导致的撤销】因关系到国计民生的重大建设工程需要，经专家评审文物价值较低且无法进行原址保护和异地迁移保护的未定级不可移动文物，经区文物行政部门同意，可予以撤销。建设单位应当聘请专业单位或专业人员对拟撤销的未定级不可移动文物现状进行全面勘察，做好测绘、摄像、文字记录和说明，编制完整的档案资料报送区文物行政部门存档和建立有关数据库。

第三十三条【撤销文物的清理】项目建设单位在清理已撤销的未定级不可移动文物时，如发现有重要文物或重要建筑构件，须及时向区文物行政部门报告，由区文物行政部门派专业人员对现场情况予以处理。

第三十四条【灭失文物遗址保护】文物价值重大的未定级不可移动文物如已被人为损毁的，应当实施遗址保护，并辟为公共空间对公众免费开放。因特殊情况需要在原址重建的，按文物保护法相关规定执行。

第八章　奖励与处罚

第三十五条【奖励】对保护未定级不可移动文物成绩显著的单位或个人，依据文物保护法的相关规定，每两年评选一次，并给予奖励。

第三十六条【法律保护】未定级不可移动文物自公布之日起，即受相关文物法律法规保护，任何个人、单位或组织不得损毁或拆除。

第三十七条【擅自修缮处罚】未经许可擅自进行修缮或开展改变未定级不可移动文物原状的建设工程的，由区文物行政部门依法追究相关责任人的责任，并依据相关文物法律法规进行处罚。

第三十八条【损毁处罚】人为严重损毁或擅自拆除不可移动文物的，由区文物行政部门依法追究相关责任人的责任；情节严重构成犯罪的，依法追究其刑事责任。

第九章　附　则

第三十九条　本办法由区文物行政部门负责解释。

第四十条　本办法自 2019 年 12 月 1 日起施行，有效期 3 年。

深圳市龙岗区人民政府办公室

2019 年 11 月 19 日

深圳市龙岗区文化广电旅游体育局关于印发《龙岗区未定级不可移动文物管理办法（修订版）》配套文件的通知

深龙文规〔2020〕5 号

各相关单位：

《龙岗区未定级不可移动文物管理办法（修订版）》5 份配套文件《龙岗区不可移动文物保护与合理利用工作联席会议制度》《龙岗区建筑类未定级不可移动文物合理利用实施细则》《龙岗区不可移动文物保护工程管理实施细则》《龙岗区不可移动文物专家委员会工作制度》和《龙岗区不可移动文物保护与合理利用专家委员会名单》经我局审议通过，现予以印发，与《龙岗区未定级不可移动文物管理办法（修订版）》（深龙府办规〔2019〕2 号）配套实施，请遵照执行。

附件：1. 龙岗区不可移动文物保护与合理利用工作联席会议制度
　　　2. 龙岗区建筑类未定级不可移动文物合理利用实施细则
　　　3. 龙岗区不可移动文物保护工程管理实施细则
　　　4. 龙岗区不可移动文物专家委员会工作制度
　　　5. 龙岗区不可移动文物保护与合理利用专家委员会名单

深圳市龙岗区文化广电旅游体育局

2020 年 2 月 26 日

附件 1:

龙岗区不可移动文物保护与合理利用工作联席会议制度

根据《中华人民共和国文物保护法》《深圳市龙岗区人民政府关于进一步加强龙岗区文物工作的实施意见》和《龙岗区不可移动文物管理办法》（修订版）有关规定，为切实加强我区文物保护与合理利用工作，建立文物安全监管长效机制，强化部门间协调配合，建立龙岗区不可移动文物保护与合理利用工作联席会议制度。

一、主要职责

（一）负责统筹指导、组织协调全区不可移动文物保护、合理利用及撤销等工作；

（二）监督检查有关文物政策措施的落实，协调全区文物安全工作的重大问题，促进部门间协作配合，形成文物保护合力；

（三）监督全区不可移动文物合理利用项目合理利用主体单位的准入与退出；

（四）办理区政府交办的其他有关文物工作。

二、成员单位

建立龙岗区不可移动文物保护与合理利用工作联席会议制度（以下简称"联席会议"）。联席会议由区分管领导负责，区文化广电旅游体育局牵头，区发展和改革局、区司法局、区财政局、区住房和建设局、区应急管理局、区城市管理和综合执法局、区政务服务数据管理局、区城市更新和土地整备局、区建筑工务署、团区委、龙岗公安分局、市规划和自然资源局龙岗管理局、市消防支队龙岗区大队等单位及各街道办事处组成。

联席会议成员因工作变动需要调整的，由所在单位提出，报联席会议审定。联席会议办公室设在区文化广电旅游体育局，负责联席会议日常工作。

三、职责分工

（一）区发展和改革局。按程序审批政府投资不可移动文物修缮工程项目的立项、可研、概算以及资金计划下达。

（二）区司法局。审核有关文物方面的区政府规范性文件。

（三）区财政局。根据发改部门下达的项目投资计划，审核拨付全区不可移动文物工程投资费用；下拨全区不可移动文物工作经费；并对相关经费的使用进行监督管理；对不可移动文物修缮工程进行绩效审核。

（四）区住房和建设局。对文物保护工程的招标进行政策指导。

（五）区文化广电旅游体育局。起草全区不可移动文物相关规章制度；开展全区不可移动文物管控指引研究，划定保护范围；负责不可移动文物保护工程前期立项指导工作；审批不可移动文物保护工程项目；处理城市更新中涉及不可移动文物保护的有关事宜；完善"五位一体"的工作体系，包含相关政策制订，安全生产巡查，落实"四有"工作，申报文保单位等文物相关工作。

（六）区应急管理局。指导区文物行政部门和各街道办做好文物安全工作。

（七）区城市管理和综合执法局。对擅自占用不可移动文物周边公共场所堆放物品、摆摊设点的违法行为进行查处。

（八）区政务服务数据管理局。提供全方位技术保障，落实未定级不可移动文物的相关信息纳入大数据平台管理。

（九）区城市更新和土地整备局。在城市更新项目及土地整备利益统筹项目中是否涉及不可移动文物的问题上，征求区文物行政部门意见；如涉及不可移动文物，督促城市更新申报主体按相关规定编制《历史文化保护与利用专项研究》；对需异地迁移保护的文物，在专规中明确；将文物无偿移交给政府的，配合开展产权流转工作。

（十）区建筑工务署。承担区联席会议交办的文物保护工程，为不可移动文物内部及周边相应的配套设施建设提供相关技术支持。

（十一）团区委。指导建立不可移动文物合理利用志愿者队伍与公众参与机制。

（十二）龙岗公安分局。对触犯刑法、文物保护法的，按照相关法律法规追究其刑事责任；对不可移动文物开展"雪亮工程"。

（十三）市规划和自然资源局龙岗管理局。在专项规划审批及城市规划中落实文物保护的要求；对要异地迁移保护的文物，确认迁移选址。

（十四）市消防支队龙岗区大队。配合区文物执法部门查处全区文物消防违法违规案件，并按相关法律法规给予相应处罚；配合指导区文物行政部门和各街道办做好全区文物的消防安全检查工作。

（十五）街道办事处。在区文物行政部门的指导下负责辖区内不可移动文物日常管理及文物定期巡查、宣传等工作；作为辖区文物修缮工程的建设单位，负责组织修缮工程的立项申报、工程勘察设计与工程实施、工程招投标、年度投资计划申报等相关工作，并接受区文物行政部门、住建等部门的监督；负责辖区内文物保护工程的安全监督工作；在区文物行政管理、国土、住建等部门的指导下，开展各自辖区内文物合理利用项目的产权整理等相关工作。

（十六）区联席会办公室。负责联络、协调联席会议成员单位，及时沟通有关信息；收集各成员单位开展文物保护与活化利用工作情况及信息，编制工作简报；负责联席会议会务工作，做好联席会议记录，撰写会议纪要；督促联席会议成员单位及时落实联席会议决定的有关事项；督促、检查、考核成员单位贯彻执行《管理办法》的情况，对成员单位提出的议题及时提交会议讨论；总结和上报相关工作报告；负责有关文物保护与活化利用文件收集、整理、立卷、归档工作；联席会议交办的其他工作。

四、工作规则

联席会议由召集人召集并主持，以会议纪要形式明确会议议定事项。根据工作需要，可召开全体会议或部分成员单位会议，也可邀请其他部门参加会议，研究相关工作。

凡提交联席会议讨论的议题，需先提交相关部门充分调查研究，听取各方面意见，提出可选方案。

联席会议研究讨论议题时，应当充分发扬民主，各抒己见，集思广益。决定事项时，严格执行少数服从多数的原则。

联席会议按照分工负责的原则，根据实际情况，确定各项具体工作的负责单位，由负责单位牵头组织推动与具体落实相关工作，相关成员单位务必积极参与配合。

每年底由区文物行政部门向联席会议各成员单位提交本年度文物工作总结报告，并抄报区政府和市文物行政部门。

五、工作要求

各成员单位要参照职责分工，进一步加强研究全区文物保护与合理利用的有关问题，积极参加联席会议，认真落实联席会议议定事项。要加强沟通，密切合作，相互支持，形成合力。联席会议办公室要及时向成员单位通报工作情况。

六、附则

本制度自 2020 年 3 月 3 日起实施，有效期 3 年。

本制度由区联席会议办公室负责解释。

附件：龙岗区不可移动文物保护与合理利用联席工作会议成员名单

附件：

龙岗区不可移动文物保护与合理利用联席工作会议成员名单

组长：黄惠波　龙岗区副区长

成员：刘德平　区文化广电旅游体育局局长

褚志敏　区文化广电旅游体育局副局长

付伟伟　区发展和改革局

曹昊云　区司法局

陈杏雯　区财政局

王华启　区住房和建设局

冯　玉　区应急管理局

刘东贤　区城市管理和综合执法局

林焕富　区政务服务数据管理局

叶可方　区城市更新和土地整备局

詹振宇　区建筑工务署

赖　力　团区委

黄致理　龙岗公安分局

陈　康　市规划和自然资源局龙岗管理局

林晓添　市消防支队龙岗区大队

邬小云　平湖街道办事处

肖新霞　布吉街道办事处

凌海英　吉华街道办事处

程悦安　坂田街道办事处

廖雁展　南湾街道办事处

熊　思　横岗街道办事处

刘国雄　园山街道办事处

傅新和　龙岗街道办事处

范　昌　龙城街道办事处

于也乔　宝龙街道办事处

王　荔　坪地街道办事处

召集人：褚志敏　区文化广电旅游体育局副局长

联系电话：28907865，13392800811

附件 2:

龙岗区建筑类未定级不可移动文物合理利用实施细则

第一章 总 则

第一条【制定依据】为贯彻"保护为主、抢救第一、合理利用、加强管理"的文物工作方针,加强我区未定级不可移动文物保护,协调城市发展与文物保护之间的关系,促进社会积极参与文物合理利用,根据《龙岗区未定级不可移动文物管理办法》,参考《关于加强文物保护利用改革的若干意见》《文物建筑开放导则(试行)》内容,制定本实施细则。

第二条【适用范围】本实施细则主要针对我区现存的尚未核定保护等级的建筑类不可移动文物,以下简称"文物建筑"。

第三条【开放原则】文物建筑开放应遵循正面导向、注重公益、促进保护、服务公众的原则,有利于阐释文物价值、发挥文物社会功能、保障文物安全、提升文物管理水平,在不影响文物建筑安全的前提下,依托文物建筑进行参观游览、科研展陈、社区服务、经营服务等活动。

第四条【合理利用原则】文物建筑应在严格遵守文物相关法律法规的前提下,遵循政府指导、多方参与、分级保护、分类利用的原则,有效保护及发挥未定级文物建筑所蕴含的文物价值,结合其自身特点进行合理利用,赋予其可持续性的新用途、新功能。

第五条【职能分工】区文物行政部门负责统筹指导、监督管理文物建筑合理利用工作;各街道作为区政府派出机构,应当在区文物行政部门指导下,负责协调、落实合理利用项目及文物日常管理工作;龙岗区未定级不可移动文物保护与合理利用专家委员会(以下简称专家委员会)负责合理利用项目方案及相关技术文件的评审工作;龙岗区不可移动文物保护与合理利用联席会议(以下简称联席会议)负责监督全区文物建筑合理利用项目合理利用主体单位的准入和退出。

第二章 项目分类

第六条【项目分类】按照发起条件的不同,文物建筑合理利用项目分为"政府主导型""城市更新型"和"自主利用型":

(一)政府主导型:指政府全额投资文物整体修缮工程的文物建筑,由所在街道办作为合理利用的发起方,向社会推介并公开招选合理利用主体单位的项目。项目突出政府规划先行,引导社会公平参与,对文物合理利用项目的探索和实践有着示范和指导意义,其使用用途应以公共文化服务为主,文化产业孵化为辅。

(二)城市更新型:指已列入城市更新单元计划拆除范围内的文物建筑,由城市更新项目实施主体按照《龙岗区未定级不可移动文物管理办法(修订版)》第二十条获得使用权后,自行或与第三方机构合作开展的合理利用项目。项目为新社区、新产业区提供多元的公共文化服务和相关产业配套。项目通过捆绑城市更新,实现文物产权国有化,通过免租金的方式支持合理利用项目运营。

(三)自主利用型:指尚未列入城市更新单元计划的文物建筑,由产权人自行或与第三方单位合作,在不违背相关法律法规的前提下,以街道办为主导开展的合理利用项目。

第七条【目的与用途】对文物建筑开展的合理利用工作应当以文物保护为基础,以实现公共文化服务功能为主要目标,允许兼顾一定的经济效益。其使用用途与功能定位应当结合地域文化特色和社区实际需求,充分尊重产权人意愿,应兼有公共文化服务平台(如:博物馆、美术馆、方志馆、展览馆、文化馆、社区服务中心等)和文化产业孵化平台(如:休闲书吧、创意产业区、艺术工作室、特色民宿、文化旅游景点等)用途。

第八条【一般责任】文物建筑合理利用项目合理利用主体单位须承担以下责任(以下简称"一般责任"):

(一)负责项目文物本体及周边环境的日常维护管理;

(二)确保项目文物本体的安全性,采取积极有效的措施保障文物本体的使用安全,并承担其安全主体责任;

(三)确保项目在运营过程中不改变文物整体格局、形制及风貌,发掘并有效发挥其历史文化价值;

(四)负责依规对项目文物建筑进行阐释与展示。应确保文物建筑主体免费对外开放,应对文物范围及保护等级说明、建筑特征信息、人文历史信息等,以文字、图片、视频等形式予以公开展示;

(五)项目文物本体如有祠堂区域,应尊重原居民意愿,合理保留宗族开展团聚、祭祖等传统活动的功能,保存文物对于文化传承的功能,让当地社区(居民)受惠;

(六)确保项目财务可行性,自负盈亏。

第九条【联合申请】文物建筑合理利用项目接受两个或两个以上机构联合提出申请,但必须明确各机构分别承担的责任,并以其中一个机构作为主要申请人。

第十条【多处申请】申请人如同时申请两处或两处以上文物建筑合理利用项目,须就每处项目分别提交独立完整的申请资料。

第三章 "政府主导型"项目支持计划

第十一条【公益要求】除一般责任外,"政府主导型"项目合理利用主体单位还须承担以下义务:

(一)"政府主导型"项目的非公益类用途区域占比原则上不得高于文物总建筑面积的50%。

(二)利用项目平台开展的各类型活动,吸引到访参观的市民游客和活动嘉宾人数,每年原则上不得低于10000人次。

第十二条【工作流程】"政府主导型"项目工作流程如下:

(一)文物建筑统租环节

1.意愿征集:由街道办筛选出具备合理利用条件的文物建筑结果由街道办向社会予以公示。

具备合理利用条件需同时满足:具备可利用价值、未列入城市更新计划、产权人对文物合理利用意愿强烈、急需保护修缮但产权人无力承担经费。

2.统租：由街道办开展文物建筑统租工作，统租范围可包括文物建筑配套设施面积，与拟列入"政府主导型"项目的文物建筑产权人签署《文物建筑租赁合同》，明确产权人的保护利用意愿，为项目确定合适年限的使用权等（租期建议15～20年，租金参考政府统租指导价格）。

（二）文物修缮与项目推荐环节

1.由街道办按照《政府投资项目管理办法》向区发展和改革局申请立项，由政府全额投资对文物建筑开展文物保护工程，文物保护工程相关勘察设计方案应按行政许可要求报区文物行政部门审批；

2.参照《龙岗区不可移动文物管控指引规划研究》成果，由街道办负责对"政府主导型"文物建筑合理利用项目向社会公开推荐，公示租赁条件及公益要求等，公开招选合理利用主体单位。

（三）合理利用主体单位招选与方案评审环节

1.申请人依照招选要求，向街道办提交相关资料；

2.街道办对申报资料进行初审后，择优将条件符合、征信记录良好的意向合理利用主体单位资料报区文物行政部门；

3.区文物行政部门组织专家委员会对申请资料进行评审，形成审议意见；

4.区文物行政部门公示审议意见及合理利用主体单位，在征询公众意见后形成审议结果，书面回复街道办；

5.审议结果由区文物行政部门批准后即可实施，并由区文物行政部门在联席会议上通报；

6.依据审议结果和运营方案要求，项目所在街道办与项目合理利用主体单位双方签署《项目运营协议》，同时将文物建筑的使用权让渡给项目合理利用主体单位，由产权人、街道办与项目合理利用主体单位三方签署《文物建筑租赁合同》。

第十三条【申请资料】申请人应按规定递交以下资料：

（一）龙岗区未定级不可移动文物保护与合理利用申请表。

（二）保护与合理利用项目运营方案。方案须符合文物保护的相关要求，内容包括但不限于项目策划方案、展陈设计概念方案、项目运营方案、消防安全评估与管理方案、公众开放及使用计划、社区合作计划、公益服务承诺、文物日常保养维护方案、政策扶持和资助需求等。

（三）其他证明文件

1.申请人资格证明文件（营业执照复印件、银行开户许可证明复印件）；

2.资金实力证明（如注册资本证明）；

3.同类项目业绩（说明申请机构或其合作伙伴在文化产业、文博产业、文旅产业或公共文化服务项目方面的投资、运营业绩，包括项目规模、功能定位、主要业态、建设投资额、经营模式及投资收益情况等）。

4.其他优势资源（说明合作伙伴在相关领域资源方面的优势及代表案例）。

第四章 "城市更新型"项目支持计划

第十四条【奖励与责任】按照《龙岗区未定级不可移动文物管理办法（修订版）》第二十条的规定，城市更新申报主体与辖区街道办落实建管措施确保土地及地上建筑物产权能无偿移交政府或土地及地上建筑产权无偿移交政府后，可在专项规划编制阶段参照《深圳市拆除重建类城市更新单元规划容积率审查规定》（深规划资源规〔2019〕1号）申请转移和奖励容积。城市更新实施主体无偿取得文物建筑使用权后，应负责该文物建筑的修缮整治、日常保养维护与合理利用工作，并承担相应费用及责任。对文物的修缮利用应符合相关消防法律法规的要求。

第十五条【工作流程】"城市更新型"项目工作流程如下：

（一）文物产权取得环节

由城市更新实施主体按照《深圳市房屋征收与补偿实施办法》，结合项目专项规划以及文物保护专项研究成果，完成对文物建筑整体范围的产权取得及相应补偿等一系列工作。

（二）项目申报与方案评审环节

1.城市更新实施主体作为合理利用项目申请人，依规向街道办提交文物修缮工程及合理利用相关申报资料；

2.街道办对申报资料初审后，将文物修缮工程资料按行政审批流程报区文物行政部门审批；

3.区文物行政部门组织专家委员会对申请资料进行评审，形成审议意见；

4.区文物行政部门公示审议意见，在征询公众意见后形成审议结果，书面回复街道办；

5.审议结果由区文物行政部门批准后即可实施，并由区文物行政部门在联席会议上通报。

（三）文物修缮环节

城市更新实施主体严格按照勘察设计方案和合理利用方案要求，依规、依程序组织工程实施。

（四）验收移交与项目实施环节

1.文物建筑修缮工程竣工后，城市更新实施主体按程序报区文物行政部门验收后移交给政府，由区政府物业管理中心负责接收及办理产权登记，并根据《深圳市龙岗区政府物业管理办法》（深龙府〔2015〕48号），委托所在街道办使用、管理；

2.依据审议结果和运营方案要求，项目所在街道办与城市更新实施主体双方签署《项目运营协议》；经区政府物业管理中心委托后，由所在街道办与城市更新实施主体双方签署《文物建筑租赁合同》。城市更新实施主体即转变为项目合理利用主体单位，需严格按照项目运营方案内容和运营协议要求，组织运营工作、开展经营活动、履行责任义务。

第十六条【申请材料】城市更新实施主体应按规定递交以下资料：

（一）龙岗区未定级不可移动文物保护与合理利用申请表；

（二）保护工程方案（内容包括但不限于文物本体的现状勘察报告、现状照片描述、现状实测图纸、修缮设计说明、施工图深度修缮设计图纸等）、合理利用方案（内容包括但不限于项目策划概念方案、展陈设计方案、消防安全评估与管理方案等）、工程投资概算、其他技术资料；

（三）保护与合理利用项目运营方案。方案须符合文物保护的相关要求，内容包括但不限于项目运营方案、公众开放及使用计划、社区合作计划、文物日常保养维护方案等。

（四）其他证明文件：

1. 项目实施主体资格证明文件（营业执照复印件、银行开户许可证明复印件）；
2. 城市更新单元规划批复、城市更新单元文物保护专项研究报告；
3. 房屋拆迁安置补偿协议及其公证文书。

第五章 "自主利用型"项目支持计划

第十七条【责任与奖励】 除一般责任外，"自主利用型"项目合理利用主体单位还须承担以下责任：

（一）针对产权人与社会运营机构合作申请的"自主利用型"项目，项目合理利用主体单位应按市场价值向产权人缴纳租金，让当地街道办及社区受惠；

（二）由项目合理利用主体单位承担文物建筑整体修缮、合理利用以及日常保养维护的责任及费用；

（三）项目合理利用主体单位应确保每年举办不少于两场次的优秀历史文化传承与推广活动；

（四）项目合理利用主体单位应突出展示文物承载的传统文化信息，在文物建筑中设置固定部位展示文物历史信息，对外公布免费开放的日期及时段，并配备定时的免费讲解；

（五）项目合理利用主体单位应落实安全主体责任，做好文物建筑消防安全工作，每年组织或参加安全培训或演练不少于两次。

根据最终批准的项目运营方案中的政策扶持和资助需求，补贴文物整体修缮工程总投资的30%。补贴金额为最终审计核算费用的30%，上限为区发展和改革局下达总概算的30%。

第十八条【工作流程】 "自主利用型"项目工作流程如下：

（一）产权梳理与开展合作环节

1. 产权人有意愿开展合理利用的，在项目发起前做好产权梳理工作；

2. 产权人与社会运营机构签署《文物建筑租赁合同》，公益基金投资保护文物的，参照社会运营机构实施；

3. 项目申请人编制文物保护工程方案、合理利用方案及运营方案。

（二）项目申报与方案评审环节

1. 项目申请人向街道办提交相关资料；

2. 街道办对申报资料进行初审后，申请人按行政审批流程报区文物行政部门；

3. 区文物行政部门组织专家委员会对申请资料进行评审，形成审议意见并公示，在征询公众意见后形成审议结果，书面回复街道办；

4. 审议结果由区文物行政部门批准后即可实施，并由区文物行政部门在联席会议上通报。

（三）协议签署与文物修缮环节

1. 依据审议结果和运营方案要求，项目所在街道办与产权人、项目合理利用主体单位三方签署《项目运营协议》，协议中应特别明确三方各阶段的监管协议内容，约定修缮标准、资金管理方案、各阶段完成时限等有关责任，并可参与修缮工程相关的重大决策；

2. 项目所在地街道办根据龙岗区政府投资项目相关管理规定，按程序向区发展与改革局申报立项、可研以及概算批复。经区发改部门正式批复的项目总概算金额，即为项目计划总投资；

3. 项目合理利用主体单位严格按照《龙岗区未定级不可移动文物保护工程管理实施细则》和住建部门关于小散工程和零星作业的相关要求，依规、依程序组织工程实施。

（四）验收决算与运营支持环节

文物修缮工程完工后，合理利用主体单位应按规定编制项目竣工图和竣工结算资料，由区文物行政部门组织竣工验收并委托第三方机构进行审核后，由项目单位向财政部门申请运营管理经费补贴。经审定的项目工程费用与区发改部门批复的项目投资概算金额比值大于或等于100%的，除区政府另有扩大规模或提高标准决定外，按不超过项目投资概算30%的标准核拨补贴资金；比值小于100%的，按比值核减相应比例的补贴资金。

第十九条【申请材料】 申请人应按规定递交以下资料：

（一）龙岗区未定级不可移动文物保护与合理利用申请表。

（二）保护工程方案（内容包括但不限于文物本体的现状勘察报告、现状照片描述、现状实测图纸、修缮设计说明、施工图深度修缮设计图纸等）、合理利用方案（内容包括但不限于项目策划概念方案、展陈设计方案、消防安全评估与管理方案等）、工程投资概算、其他技术资料。

（三）保护与合理利用项目运营方案。方案须符合文物保护的相关要求，内容包括但不限于项目运营方案、公众开放及使用计划、社区合作计划、文物日常保养维护方案、政策扶持和资助需求等。

（四）其他证明文件

1. 申请人资格证明文件（营业执照复印件、银行开户许可证明复印件）；

2. 文物建筑产权证明；

3. 文物建筑租赁合同以及相关使用权证明文件；

4. 资金实力证明（如注册资本证明）；

5. 同类项目业绩（说明申请机构或其合作伙伴在文化产业、文博产业、文旅产业或公共文化服务项目方面的投资、运营业绩，包括项目规模、功能定位、主要业态、建设投资额、经营模式及投资收益情况等）；

6. 其他优势资源（说明合作伙伴在相关领域资源方面的优势及代表案例）。

第六章 管理和监管

第二十条【方案实施与调整】 项目合理利用主体单位须严格按照已批准的项目运营方案开展工作。如确需对已批准的项目运营方案进行调整的，须向项目所在街道办提出书面申请，报区文物行政部门审批通过后方可实施。

第二十一条【运营执行与调整】项目合理利用主体单位不得擅自改变文物建筑现状，不得擅自改变文物建筑的使用用途。

第二十二条【违约处理与处罚】项目合理利用主体单位未按照已批准的项目运营方案和项目运营协议进行经营管理的，项目所在街道办有权要求其进行整改。逾期不整改或整改不彻底的，可由区文物行政部门做出以下处理：视情节轻重，由区文物行政执法部门依法追究相关责任人的责任，并依据相关文物法律法规进行处罚；区文物行政部门亦有权对严重违反运营承诺的项目合理利用主体单位无条件终止运营协议，收回合理利用项目，并要求其退回已拨付的项目专项资助资金。

第二十三条【运营绩效评估】区文物行政部门与项目所在街道办负责监督、管理、评价合理利用项目的运营。项目所在街道办应按照已批准的项目运营方案和项目运营协议具体要求，每年对项目运营情况进行综合评估，并根据评估结果向区文物行政部门提交书面报告。对未按照项目运营协议履行责任的，由区文物行政部门将项目合理利用主体单位纳入诚信黑名单，并通报相关单位，限制其在龙岗区相关领域内享受政策补贴和扶持。

第二十四条【项目退出】评估结果显示常年亏损、运营效果不佳且无法好转的项目，可由项目合理利用主体单位向区文物行政部门提出申请，经联席会议审议通过可以退出合理利用项目，并就各方损失承担责任。退出或是依规收回的支持计划项目，一律暂由文物所在街道办接收管理，优化利用导则与运营条件，重新招选项目合理利用主体单位。

第二十五条【安监统租情形】根据实际条件，支持街道办采取"政府主导型"项目支持计划、支持社会机构采取"自主利用型"项目支持计划，对因房屋安全问题已由街道办统租管理的文物建筑开展保护与合理利用，以合理利用促进文物保护，进而消除安全隐患。

第七章 附 则

第二十六条【解释权】本实施细则由区联席会议办公室负责解释。

第二十七条【施行时间】本实施细则自 2020 年 3 月 3 日起实施，有效期 3 年。

附件：1. 龙岗区未定级不可移动文物保护与合理利用项目申请表
2. 文物建筑租赁合同（范本）
3. 项目运营协议（范本）

附件 2-1：

龙岗区未定级不可移动文物保护与合理利用项目申请表

编号：_____【 】_____号

项目名称	
项目地点	龙岗区_____街道_____社区_____
项目类型	□政府招选型；□城市更新型；□自主利用型
申请人／单位	
联合申请人	□无；□_____

文物名称		始建年代	
总占地（m²）		建筑占地（m²）	
文物产权		申请时间	

文物现存状况	
活化用途	
收文清单	□项目运营方案；□其他证明文件_____份。
申请人／单位 意见	负责人签字： 　　　年　　月　　日（盖章）
文物所在地 街道文管部门 意见	负责人签字： 　　　年　　月　　日（盖章）
文物所在地 街道办事处 初审意见	负责人签字： 　　　年　　月　　日（盖章）

附件 2-2:

深圳市房屋租赁合同书

(文物建筑名称)

(合同范本)

出租方(甲方):文物建筑产权人 / 租赁代理机构
承租方(乙方):项目申请人 / 承租单位
合同订立时间:_____年_____月_____日

甲方:<u>文物建筑产权人租赁代理机构</u>
通讯地址:<u>深圳市龙岗区</u>
邮编:_____ 联系电话:_____
统一社会信用代码:_____

乙方:<u>项目申请人 / 承租单位</u>
通讯地址:_____
邮编:_____ 联系电话:_____
统一社会信用代码:_____

依据《中华人民共和国合同法》、《中华人民共和国城市房地产管理法》、《深圳市人民代表大会常务委员会关于加强房屋租赁安全责任的决定》的规定,经甲、乙双方协商一致,订立本合同。

第一条 甲方将位于<u>深圳市龙岗区 xxx 街道 xxx 社区 xxx 路 xxx 号</u>的文物建筑名称(以下简称租赁房屋)及其附属设施出租给乙方使用。租赁房屋的建筑编码为_____xxx_____,房屋附属设施包括:_____xxx_____等内容(见附件1),建筑住户单元约_____xxx_____平方米,公共空间约__
_____xxx_____平方米。房屋产权人或合法使用人为:_____xxx_____(见附件2),相关证明房屋产权(使用权)的有效证件:_____xxx_____(见附件3)。

第二条 乙方租用租赁房屋的期限为_____xxx_____年。

租赁房屋整体修缮工程竣工,经文物主管部门验收移交后,甲方正式将房屋交付乙方,签署交付确认书,以双方签署的正式交付确认书中的时间作为租金起算时间点,即<u>起租且期</u>。

交付租赁房屋时,双方应对租赁房屋(交付使用的区域)及其附属设施的现状况、附属财产等有关情况进行确认,并在附页中补充说明。

第三条 租赁房屋的租金计算:首年,租赁房屋及其附属设施的月租金按人民币 ¥xxx.00 元(大写:xxx 元整)计,年租金金额为人民币 ¥xxx.00 元(大写:xxx 元整)。

租期内,首<u>xxx</u>年租金不变,第<u>xxx</u>年在前一年租金基础上涨租<u>xxx%</u>,并自第<u>xxx</u>年开始,每<u>xxx</u>年在前一年租金基础上涨租<u>xxx%</u>(见附件4)。

第四条 租金按<u>且度或季度</u>支付,乙方应于:每个计租周期开始后的 xxx 日内,向甲方支付当前计租周期的租金;甲方收取租金时,应依规向乙方开具完税凭证。

第五条 租赁期间,甲方负责支付法律、法规规定应交纳的房屋租赁相关税费。乙方负责支付因使用租赁房屋的水电费、卫生费、视讯网络费,承担房屋安全管理相关的主体责任等。

第六条 租赁房屋的<u>房屋租赁押金(即履约保证金)</u>数额为<u>xxx</u>个月租金,即人民币 ¥xxx.00 元(大写:xxx 元整),自起租日期开始后,甲方向乙方收取。甲方收取押金时,应向乙方开具收据。

1. 甲方向乙方返还房屋租赁押金的条件:

(1)租赁期满,合同结束,在乙方缴清所有费用将房屋返还甲方时,甲方不计息退还押金;

(2)其他因甲方严重违约情节导致合同终止时,甲方不计息退还押金。

(3)在合同履行过程中,因新的法律、行政法规、规章等文件的出台,或是因政府不支持对该文物进行合理利用,导致本合同继续履行不具有合法性时,双方立即解除本合同,双方互不追责,乙方立即返还租赁房屋,甲方不计息退还押金。

2. 出现下列情形之一的,甲方可扣除或不予返还租赁金:

(1)乙方无故拖延或怠于(指连续超过 2 个月以上)缴交房屋使用过程中发生的有关费用支出的,甲方可租赁押金予以抵扣,并追偿相关损失;

(2)其他因乙方严重违约情节导致合同终止时,甲方不予返还租赁押金。

第七条 该房屋及其附属设施在合同期内的保护与维修,应遵守《深圳市龙岗区未定级不可移动文物管理办法》、《深圳市龙岗区未定级不可移动文物合理利用实施细则》等相关法规、办法和实施细则要求,均由乙方负责。文物建筑相关的维修费用和政策补贴均由乙方承担和申请。甲方应积极协助和配合。

如因不可抗力原因(天灾、战争等)导致甲方房屋损坏或者造成乙方损失的,双方互不承担责任。

第八条 乙方应遵守文物建筑合理利用的规范要求,适度、合理使用租赁房屋及其附属设施,保证房屋安全、适用。除房屋内原有装修和设施外,乙方因使用需要需对房屋进行装修、装饰的,应在不影响房屋主体结构和历史风貌的前提下,征得甲方同意后,按规范向有关部门(包括但不限于街道办、文管部门)办理申报手续后方可按方案执行。租赁期满或因一方责任导致合同终止的,除双方另有约定外,由乙方自行安装的装修、装饰物,且不属于租赁房屋修缮保护内容的,在不损坏租赁房屋的情况下可以拆除和搬离。

第九条 乙方如需部分转租使用的,转租合同的终止日期不得超过本合同规定的终止日期,且转租期间,乙方除可享有并承担转租合同规定的权利和义务外，还应继续履行本合同规定的义务。转租期间，本合同发生变更、解除或终止时，转租合同也应随之相应变更、解除或终止，因转租行为带来的一切财产损失与经济纠纷均由乙方负责承担。

第十条　租赁房屋——文物建筑名称是 xxx（文物建筑概况描述），已被纳入龙岗区不可移动文物名录，乙方必须严格按照政府相关管理办法和活化利用要求，按照经文物主管部门批准的合理利用方案适度使用租赁房屋。租赁期内，乙方应确保政府对文物保护的经费，专款专用于文物建筑的修缮与保护。

第十一条　本合同期满终止（或因其他原因导致本合同终止）后，乙方应于本合同终止后 xxx 日内迁离租赁房屋。

乙方需继续租用租赁房屋的，应于租赁期届满之日前 xxx 天内向甲方提出续租要求；在同等条件下，乙方对租赁房屋有优先承租权。甲乙双方就续租达成协议的，应重新订立合同，并完成相关手续。

第十二条　乙方应严格按照政府职能部门规定的相关管理规定或标准使用租赁房屋，并必须保证租赁房屋在使用中不存在任何安全隐患。租赁期间与房屋建筑安全、消防安全等相关的一切主体责任人都是乙方。本合同约定的各项条款，甲乙双方均需自觉履行，如有一方违约，按合同约定承担相应违约责任。

第十三条　违约责任

（一）本合同履行过程中，甲方有下列行为之一的，应承担如下相应违约责任：

1. 甲方未按本合同约定的时间交付该房屋给乙方使用，逾期超过＿＿＿xxx＿＿＿天的，可视为甲方不履行本合同，乙方有权解除合同，要求甲方赔偿双倍履约保证金，若造成乙方其他损失的，甲方应承担相应赔偿责任。

2. 在租赁期限内，甲方擅自终止本合同，提前收回房屋的，甲方应退回押金，并按照月租金的＿＿＿xxx＿＿＿倍向乙方支付违约金，若违约金不足抵付乙方损失的，甲方还应承担赔偿责任。

（二）本合同履行过程中，乙方有下列行为之一的，应承担如下相应违约责任：

1. 租赁房屋整体修缮工程竣工，经文物主管部门验收移交后，乙方不履行本合同的，甲方有权解除合同，没收乙方交付的履约保证金。

2. 擅自改变房屋结构或擅自改变使用用途的，甲方有权解除合同，押金不退；若造成甲方损失的，乙方还应承担赔偿责任。

3. 利用该房屋从事违法犯罪活动或未遵守文物建筑合理利用方案要求使用租赁房屋的，甲方有权解除合同、收回房屋，押金不退；若造成甲方损失的，乙方还应承担赔偿责任。

4. 在租赁期限内，乙方未按合同约定支付租金的，甲方有权要求乙方支付不高于当时贷款利率的逾期付款违约金。无故拖欠租金，逾期超过＿＿＿xxx＿＿＿天，可视为乙方不履行本合同，甲方有权解除合同、收回房屋，押金不退。

5. 在租赁期限内，乙方未经甲方同意，中途擅自退租的，押金不退，若不足抵付甲方损失的，乙方还应承担赔偿责任。

6. 租赁期满，如乙方无续租意愿的，应按约如期交还租赁房屋，如逾期交还的，在逾期期间甲方有权要求乙方支付双倍租金。若不足抵付甲方损失的，乙方还应承担赔偿责任。

第十四条　甲、乙双方就本合同发生的纠纷，应通过协商解决；协商解决不成的，可提请房屋租赁主管机关调解或向租赁房屋所在地人民法院提起诉讼。违反本合同约定，违约方应承担守约方因实现自身合法权益而产生的一切支出（包括但不限于诉讼费、律师费、差旅费、调查取证费等）。

第十五条　特别条款

（一）甲方与房屋所有权人的关系是：＿＿＿xxx＿＿＿，甲方拥有对所涉租赁房屋及房屋附属设施的对外出租权利（后附关系证明），本合同条款内容符合房屋所有权人的真实意愿，甲方对乙方支付的履约保证金、房屋押金和房屋租金的保管、处置和支配负责。

（二）租赁房屋整体修缮工程竣工，经文物主管部门验收移交后，即为起租日期开始，甲方给予乙方＿＿＿xxx＿＿＿个月的免租期，用于＿＿＿xxx＿＿＿。免租期结束后的首日为首个租赁年的起始日期，作为计算租金和涨租的依据。

（三）乙方承诺对文物建筑名称的利用将严格遵循中华民族尚礼敬祖传统，特别是对"中三堂"公共部分，将充分尊重甲方家族意愿，采取与历史风貌匹配的可逆展示与装饰陈设，常设家族历史渊源展、建筑文化展，公共空间免费开放予市民群众参观，场地可随时提供甲方家族做宗族活动、团聚活动、红白喜事等使用。其中，祖堂范围将限制开放，仅供甲方家族活动使用。

（四）甲、乙双方将共同致力于当地优秀历史文化的研究与传播，共同举办相关活动；在用工岗位方面，同等条件下，应保留部分岗位优先考虑当地居民，促进当地居民就业。

第十六条　甲、乙双方应自签订本合同之日起三十日内到房屋租赁主管机关进行登记备案，取得《房屋租赁凭证》。租赁期间，变更、终止本合同，甲、乙双方应签订变更或终止协议，协议须在签订后三十日内到原房屋租赁登记备案机关办理变更、终止登记备案手续。

第十七条　本合同自签订之日起生效。本合同一式五份，甲方执两份，乙方执两份，合同登记机关执一份。

（合同正文到此结束）

甲方（盖章）：文物建筑产权人／租赁代理机构
签约代表人（签字）：
联系电话：
通讯地址：
收款银行信息：
签约时间：

乙方（盖章）：项目申请人／承租单位
签约代表人（签字）：
联系电话：
通讯地址：
税务开票信息：
签约时间：

双方在合同中输写的地址为有效送达地址，邮寄材料到该地址视为送达成功。

附件 1：租赁房屋及其附属设施范围示意图（以大田世居为例）

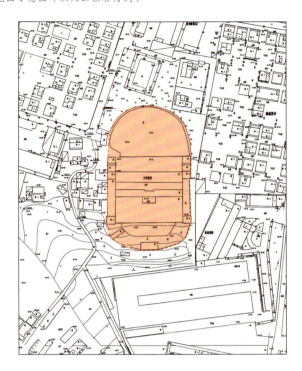

附件 2：甲方对房屋合法租赁的有关证明
（所有权利人对不可移动文物建筑保护与活化利用的统租意愿）

附件 3：房屋权利证明
（房屋权利证书或证明其产权 / 使用权的其他有效证件）

附件 4：各年租金涨租一览表（价格单位：人民币元）

租赁年	月租金额（人民币元）	年租金额（人民币元）	月租金单价（元 /m²）（按占地面积折计）	备注
第 1 年				
第 2 年				
第 3 年				
第 4 年				
第 5 年				
第 6 年				
第 7 年				
第 8 年				
第 9 年				
第 10 年				
...				
第 N 年				
合同期内总租金（元）			/	/
合同期内年均租金（元）			/	/

附件 2-3：

《项目运营协议》（范本）

深圳市龙岗区 xxx 街道办事处与 xxx 公司

龙岗区未定级不可移动文物保护与合理利用 xxx 合理利用支持计划项目运营协议

（签约稿）
v1.0

（协议范本）

xxx 年 xxx 月 xxx 日

目录

第一章　总则

1 协议文件
　协议文件及其附件内容包括、文件效力规定
2 名词定义与协议解释
　协议内所用名词定义、协议解释、权利义务继受

第二章　时限、范围和权限

3 协议时限
4 协议范围
　运营范围以及相应区域的用途描述
5 运营权限及变更
　资产所属，修建及展陈购置物所属，运营事项实施，亏损与收益，范围及权限变更程序

第三章　运营

6 基本原则
7 运营开始日
8 使用权移交
9 运营要求与公益开放承诺
　基本运营项目，区域性活动、展演，文物建筑开放要求，公益用途声明与承诺，边界条件
10 年度运营方案
　使用计划，支持计划，批复意见
11 分项运营合作
12 文物日常管理
13 文物大修与重置
　通知与申请，大修条件，大修与重置计划，资金来源
14 运营限制事项
　合作限制，责任承担，其他规定要求

第四章　运营支持

15 项目财政补助
　"自主利用型"项目的财政补助
16 项目运营补贴
17 政策扶持资金及其他

第五章　到期移交和返还

18 协议期届满时的移交及返还
　移交返还的内容、标准、程序，移交前的恢复性大修，移交时及移交后的权利义务
19 协议期届满前的移交及返还
　移交发生的原因及条件，移交返还的内容、标准、程序，移交时及移交后的权利义务

第六章　财务及保险事项

20 注册资本
21 出资比例要求及出资额转移限制
　　出资限制，持股限制，转移限制，资产负债限制
22 财务监督
　　财务报表编制，运营收支审计，计划的修正，公司组织变动通知及修正
23 保险协议要求
　　期限，范围，保险事项，保费
24 投保责任义务
　　保险协议通知，理赔后回复原状，未按规定投保责任

第七章　运营绩效评估

25 评估内容
　　绩效评估体系，公众满意度测评
26 评估标准与程序

第八章　不可抗力与情势变更

27 不可抗力定义
28 情势变更定义
29 通知与认定程序
30 损害的补救
　　条件、措施、认定程序
31 项目的恢复与终止

第九章　违约责任

32 甲方违约情形
33 甲方违约处理
34 乙方违约情形
35 乙方违约处理
36 甲方的紧急处分权

第十章　争议处理

37 协商
38 调解
39 仲裁与诉讼

第十一章　协议终止

40 终止事由
41 协议终止的通知
42 协议终止的效力
　　双方合议终止、基于法律变更终止、因不可抗力或情势变更终止、违约退出终止

第十二章　其他条款

43 协议约定与变更
44 保密义务
45 文件通知与送达
46 协议生效日
47 协议份数
　　（协议正文到此结束）

　　各方代表于 xxx 年 xxx 月 xxx 日在中华人民共和国广东省深圳市龙岗区签署本协议，以兹证明。

甲方（盖章）：深圳市龙岗区 xxx 街道办事处
法定代表人（签字盖章）：
日期：
乙方（盖章）：xxx 公司
法定代表人（签字盖章）：
日期：

龙岗区不可移动文物保护工程管理实施细则

第一章 总则

第一条【编制依据】为加强龙岗区不可移动文物保护工程的管理，确保工程质量，根据《中华人民共和国文物保护法》《文物保护工程管理办法》《龙岗区未定级不可移动文物管理办法（修订版）》等法律法规的规定，制定本实施细则。

第二条【适用范围】本细则所称不可移动文物保护工程（以下简称"文物保护工程"）是指在龙岗区内开展的对已公布的不可移动文物本体及其配套设施开展的不可移动文物本体保护工程、必要的防护设施工程及配套设施工程。

第三条【修缮原则】文物保护工程应遵守相关文物修缮原则，以较多地保存、延续文物的真实历史信息和价值。文物本体的主要立面、主要结构体系、有艺术价值和有特殊工艺的建筑构件不得随意改变。

第四条【工作职能】区文物行政部门负责统筹指导全区文物保护工程设计方案的审批与工程施工许可的办理；各街道办作为文物保护工程建设单位负责组织工程的全过程实施；区发展和改革局负责文物保护工程立项、可研、概算审批及投资计划的下达；区住房和建设局负责对文物保护工程的招标进行政策指导；区财政局根据区发展和改革局下达的项目投资计划，审核拨付文物保护工程投资费用；区审计局按程序对政府全额投资或按比例投资的文物保护项目的竣工决（结）算文件进行审计。

第五条【工程性质分类】按照《文物保护工程管理办法》第五条规定，本细则文物保护工程分为：保养维护工程、抢险加固工程、修缮工程、保护性设施建设工程、迁移工程等。

（一）保养维护工程，系指针对文物的轻微损害所做的日常性、季节性等不改变文物本体结构的养护。

（二）抢险加固工程，系指文物突发严重危险时，由于时间、技术、经费等条件的限制，不能进行彻底修缮而对文物采取的具有可逆性的临时抢险加固措施的工程。

（三）修缮工程，系指为保护文物本体而采取的全面修缮的工程，包括必需的永久性的结构加固处理以及结合结构加固而进行的局部复原工程。

（四）保护性设施建设工程，系指为保护文物本体而附加安全防护设施的工程。

（五）迁移工程，系指因保护工作特别需要，且无其他更为有效的手段时所采取的将文物整体或局部搬迁、异地保护的工程。

第六条【工程规模分类】文物保护工程按照工程投资规模大小，分为：小型保护工程，指工程费用 30 万元以下或建筑面积 ≤ 300m² 的保养维护工程；中型保护工程，指工程费用 30 万元（含）以上 200 万元以下的保护工程；大型保护工程，指工程费用 200 万元（含）以上的保护工程，石刻、壁画等特殊保护工程除外。

第七条【资质要求】承担文物保护工程的勘察设计单位不设资质要求，但须具备相关专业经验；文物保护工程施工与监理单位需分别具备文物保护工程施工三级及以上资质、监理丙级及以上资质。

文物保护工程中宜积极吸纳本土工匠参与，鼓励和支持相关地方成立乡土建筑保护工程队，以逐步提高我区文物保护工程的本土化水平。

第八条【服务商选择】文物保护工程的勘察设计、施工、监理、造价咨询和设备材料供应等单位的选择，涉及政府投资或补贴的，按政府投资项目管理的有关规定执行。

第九条【文物保养维护】针对未进行活化利用的不可移动文物，其保养维护工程由文物所在街道办列入每年的工作计划和经费预算，一并报送区文物行政部门与区财政局，由区财政局审核后统一将所需经费拨付至各街道办。

针对已批准进行合理利用项目的不可移动文物，其日常保养维护工程费用由文物合理利用运营单位承担。

第十条【工程阶段】修缮工程、保护性设施建设工程和迁移工程的管理包括三个阶段：工程前期阶段（立项、勘察设计与审批）、工程实施阶段和工程终结阶段。

第二章 立项、勘察设计与审批

第十一条【工程前期工作】工程前期阶段主要工作内容包括：立项申报与审批、勘察设计方案编制与报批、工程概算编制与报批。

第十二条【立项程序】对不可移动文物进行保护修缮的，需由文物产权人向项目所在街道办提出书面申请，由项目所在街道办编制立项申报材料，充分征求区文物行政以及相关部门意见，经联席会议审议同意后，由区发改部门按程序办理立项审批。

第十三条【立项资料】保护工程项目的立项申报材料包括以下内容：

（一）文物产权人或使用人资料及修缮申请书；

（二）文物产权人与街道办签订的房屋统租协议书；

（三）拟立项的项目名称、地点、文物概况（年代、形制、占地面积等）；

（四）保护工程必要性与实施可行性的技术文件与影像资料（录像或照片）；

（五）经费估算、来源及计划工期安排；

（六）市政、安防、防雷等配套设施现状分析。

第十四条【方案审批】在我区开展的所有不可移动文物保护工程，建设单位需依照相关行政许可流程报区文物行政部门审批。

办理区不可移动文物修缮审批的材料包括：

（一）书面申请文件；

（二）加盖设计单位印章的现状勘察文件（反映文物历史状况、固有特征和损害情况的勘察报告、实测图、照片、录像等）；

（三）保护工程方案、设计图纸（施工图设计深度）及相关技术文件（大型保护工程，设计文件中应包含满足不可移动文物合理利用所必需的水电安装工程及安全防范（安防、消防、防雷）工程设计内容；特殊项目必要时需提供考古勘探发掘资料、材料试验报告书、环境污染情况报告书、工程地质和水文地质资料及勘探报告）；

（四）如是修改版方案，除上述三项文件外，还应提供由设计单位加盖印章及项目负责人签名的专家意见修改内容列表；

（五）工程设计概算；

（六）其他与保护工程相关的资料（如有保护规划，需提供保护规划相关内容的复印件）。

第十五条【概算编制与报批】政府投资的文物保护工程，保护工程方案经文物行政部门审批通过后，建设单位负责组织专业机构编制工程概算书，并向区发展和改革局申报概算审批。

第三章　工程实施

第十六条【实施阶段工作】工程实施阶段主要工作内容包括：工程施工、工程监理和工程造价跟踪审计。

第十七条【开工许可申请】大、中型保护工程开工前需由建设单位向区文物行政部门办理开工许可。办理开工许可需提供资料包括：

（一）文物保护工程开工许可申请书；

（二）项目立项审批文件；

（三）政府投资项目需提供概算批复文件（复印件）；

（四）工程勘察设计方案批复文件及专家意见；

（五）施工、监理单位中标通知书（复印件，直接委托项目无需提交该资料）；

（六）工程施工合同及施工企业安全生产许可证副本、营业执照副本、资质证书副本、企业主要负责人、现场负责人、现场安全生产专职管理人员的"三类人员"证书、施工组织设计（附项目现场管理人员名册）以及社会保险经办机构出具的《建设工程项目农民工参加工伤保险登记证》（以上资料，收复印件，核原件）；

（七）监理合同及监理企业资质证书、营业执照、本工程监理人员名单、证书复印件（以上资料，收复印件，核原件）、联系电话或建设单位工程技术人员情况；

（八）施工单位出具的《在工程施工现场实行劳务工实名制管理承诺书》。

第十八条【开工许可核发】区文物行政部门收到办理开工许可的资料并经审核通过后，核发开工许可文件。

第十九条【安全生产监督】文物保护工程项目参照市、区小散工程和零星作业安全生产纳管的相关要求实行安全生产监督责任。

第二十条【工程实施流程】文物保护工程工作开展流程：

（一）建设单位组织工程设计、施工单位人员与区文物行政部门、文物产权人进行修缮方案解读，取得区文物行政部门、文物产权人同意按方案施工的意见书；

（二）施工人员进场前须接受文物保护及施工安全相关知识的培训，按照工程设计方案及施工组织要求组织工程施工；

（三）按照文物保护工程的要求做好施工记录和施工统计文件，收集有关文物资料；

（四）施工单位进行质量自检，对工程的隐蔽部分须会同工程建设单位、设计单位、监理单位进行检验并做好记录；

（五）编制竣工资料。竣工资料包括：申请验收的请示、文物工程立项批准文件、文物工程勘察设计方案批复文件及专家意见，建设、监理单位的工程竣工总结报告、文物保护工程竣工验收登记表、施工单位的竣工总结报告及工程施工技术资料（含完整的工程质量保证资料）、修缮前后文物建筑整体面貌及修复部位的对比照片、竣工图纸等；

（六）按照合同约定负责保修，保修期限自工程整体竣工之日起计算，不少于五年（保养维护、抢险加固工程除外）。

第二十一条【过程问题】施工过程中如发现新的文物或其他涉及文物保护的重大问题，应当立即记录，保护现场，由文物所在街道办向区文物行政部门报告。

第二十二条【过程变更】施工过程中如需一般变更或补充已批准的技术文件，由文物所在街道办（建设单位）、设计单位、施工单位共同现场商榷，将最终商洽结果报区文物行政部门备案后，即可实施；如需变更的内容为已批准的工程项目或方案设计中的重要内容，必须报区文物行政部门批准后，方可实施。

第二十三条【质量监督】区文物行政部门应视文物保护工程具体情况，在工程实施期间组织区专家委员会古建筑专业组专家对文物保护工程的工程质量进行检查监督，发现材料质量问题或工艺技术问题及时通知施工单位予以整改处理。对于政府投资的大型保护工程，每月至少组织一次检查指导，并作记录。

检查监督的内容包括工程所用主材检验（如木材、青砖、青瓦、油漆、灰料等）与修缮工艺指导（三合土筑墙、清水墙砌筑、石雕、木雕、灰塑、壁画等）。

第四章　工程终结

第二十四条【竣工验收】工程终结阶段主要工作内容是竣工验收与审计。

第二十五条【小型保护工程验收】小型保护工程（保养维护工程）竣工后，由项目建设单位组织参建单位验收后，将相关竣工资料报区文物行政部门备案。

第二十六条【大、中型保护工程验收】大、中型保护工程竣工后，由文物所在街道办（建设单位）组织项目参建单位进行初验，初验合格后，将初验意见（如有整改意见，需附整改情况报告书）及工程竣工资料报送至区文物行政部门申请终验，由区文物行政部门组织区专家委员会相关专家进行验收，形成最终验收结论。

第二十七条【工程审计】工程竣工验收合格后，由建设单位按照政府投资工程的相关审计办法及要求，备齐决算资料报送相应部门进行审计。

第二十八条【档案管理】建立文物保护工程档案管理制度，文物所在街道办、勘察设计单位、施工单位、区文物行政部门应当将所有涉及文物保护工程的行政、技术、财务文件等立卷存档。

第五章　非政府投资的文物保护工程管理

第二十九条【非政府投资文保工程管理要求】由企业、集体单位或私人投资的文物保护工程，参照政府投资的文物保护工程管理。各阶段（保护工程设计方案报批、办理保护工程开工许可、组织保护工程竣工验收）工作程序参照本细则第十四条、十七条、二十条、二十一条、二十二条、二十五条、二十六条相关要求执行；政府投资项目特有的资料，在执行各阶段报审工作时无需提供。

第六章　　监督处罚

第三十条【违纪处罚】参与本区文物保护工程项目招投标及项目实施，勘察设计、施工、监理和造价咨询等单位和相关责任人有违纪违规行为的，由区文物行政部门将其列入不良行为记录，并向区住建部门进行通报，被通报的单位三年内不得承担我区文物保护工程相关工作。

第三十一条【参照处罚】违反本细则，造成文物损毁或明显改变文物原状的，按照《中华人民共和国文物保护法》及相关文物法律法规对相关责任单位与责任人进行处罚。

第七章　　附则

第三十二条【细则解释】本实施细则由区联席会议办公室负责解释。
第三十三条【施行日期】本实施细则自 2020 年 3 月 3 日起施行，有效期 3 年。

附件 4：

龙岗区不可移动文物专家委员会工作制度

第一章　　总则

第一条　为适应我区文物保护事业的发展需求，推动我区文物工作行政决策的民主化、科学化进程，根据《龙岗区未定级不可移动文物管理办法》（修订版）第七条规定，成立龙岗区不可移动文物保护与合理利用专家委员会（以下简称"专家委员会"）。
第二条　为使专家委员会的工作规范化、合理化，充分发挥专家委员会的咨询参谋作用，为我区不可移动文物的保护与利用工作提供更多技术支持，特制定本制度。
第三条　专家委员会由相关专业技术人员组成，分为古建筑专业组、考古专业组、博物馆专业组、规划与艺术设计专业组和工程安全、安防专业组，包括文物保护、建筑、历史、考古、博物馆、民俗文化研究、结构、规划、艺术设计、安防、消防等方面的专家，专家委员会在区联席会议的领导下，负责不可移动文物的评估推荐、规划保护、合理利用及撤销等事项的评审工作，为区联席会议决策提供专业咨询意见。

第二章　专家委员会的主要任务

第四条　专家委员会工作宗旨为：发挥各专家、学者的专业与经验，积极推动我区不可移动文物事业的全面进步，提高政府决策的科学化、民主化水平。专家委员会的主要任务是接受区文物行政部门及联席会议成员单位的委托，开展以下工作：
（一）对新发现的不可移动文物进行价值评估认定，并向区文物行政部门提出评估意见；
（二）对未定级不可移动文物拟申报区级文物保护单位的申报资料进行评审，并出具评审意见；
（三）区级文物保护单位或未定级不可移动文物保护工程勘察设计方案的评审；
（四）不可移动文物保护工程阶段性工程验收及竣工验收；
（五）未定级不可移动文物撤销前的文物价值评估；
（六）全区不可移动文物合理利用计划的申请项目技术文件的评审；
（七）其他联席会议及成员单位委托的文物相关工作事项。

第三章　专家委员会的组成及工作方式

第五条　专家委员会委员资格条件：
（一）拥护中国共产党的领导，能够贯彻执行国家一系列方针和政策；
（二）廉洁奉公，品行端正，爱岗敬业；
（三）具有较高的文博专业技术业务素质及丰富的实践经验；
（四）参加相关工作 9 年以上，并取得副高及以上职称。
第六条　委员实行聘任制，由联席会议聘任并颁发聘书。
第七条　每届专家委员会聘期三年，可根据实际情况继续聘任原委员。聘期内，如委员出现下列情形，联席会议有权解聘：
（一）不遵守《龙岗区未定级不可移动文物管理办法》（修订版）的规定，或不履行本制度规定的委员的职责和义务的；
（二）接受相关利益单位和个人提供的礼金、有价证券或超标准宴请，并做出明显不公正公平判断的；

（三）其他与专家委员会委员身份不符的行为并造成不良社会影响的。

第八条 联席会议办公室根据需要，可向联席会议申请增聘委员。

第四章 专家委员会委员的权利和义务

第九条 专家委员会委员享有以下权利：

（一）委员在参加与全区文物工作有关的会议上，充分发表个人意见和看法；

（二）根据专家委员会的工作需要，委员可使用委员会提供的相关资料和信息；

（三）对联席会议及区文物行政部门的工作有建议权；

（四）享受委托单位按标准支付的报酬；

（五）可自愿退出专家委员会。

第十条 专家委员会委员承担以下义务：

（一）严格遵守国家法律法规和本工作制度，认真负责地参与全区文物工作会议；

（二）发挥个人专长，传授经验，贡献才能；

（三）积极维护专家委员会的形象，不得将涉密信息和专家发表的个人意见和看法对外泄露；

（四）不得以委员会名义私自进行活动和对外发布信息。

第五章 附则

第十一条 本制度由区联席会议办公室负责解释。

第十二条 本制度自 2020 年 3 月 3 日起实施，有效期 3 年。

龙岗区文物保护工作大事记

2001 年 6 月 7 日，公布龙岗区第一批重点保护单位的通知（深龙府〔2001〕30 号）。

2005 年，由海天出版社出版《龙岗文物》。

2006 年 7 月 14 日，公布龙岗区第二批重点保护单位的通知（深龙府〔2006〕74 号）。

2006 年，龙岗区开展全区范围的客家围普查工作。

2007 年，启动为期五年的第三次全国文物普查。

2009 年 12 月，省级文物保护单位鹤湖新居开展一期修缮工程。

2011 年 1 月，深圳市龙岗区地上文物普查一组获得"广东省第三次全国文物普查实地文物调查阶段先进集体奖"。

2011 年 8 月，由文物出版社出版《龙岗记忆——深圳东北地区炮楼建筑调查》。

2012 年 1 月 13 日，公布龙岗区第三次全国文物普查不可移动文物。

2012 年 5 月 15 日，公布坪地街道六联社区吉坑世居为区级文物保护单位。

2013 年 2 月 27 日，龙岗区人民政府办公室公布文物保护单位保护范围和建设控制地带。

2014 年 4 月 4 日，广东省文化厅、广东省住房和城乡建设厅公布省级文物保护单位鹤湖新居、茂盛世居保护范围和建设控制地带。

2014 年 6 月，由文物出版社出版《深圳东北地区围屋建筑研究》。

2015 年 2 月 16 日，龙岗区人民政府办公室印发《龙岗区未定级不可移动文物管理办法（试行）》。

2015 年 3 月 27 日，龙岗区文体旅游局印发《龙岗区未定级不可移动文物活化利用实施细则》。

2015 年 11 月 4 日，龙岗区文体旅游局印发《龙岗区未定级不可移动文物管理办法（试行）》配套文件。

2016 年 6 月 17 日，龙岗区人民政府公布第三批区级文物保护单位。

2016 年 6 月，省级文物保护单位茂盛世居开展客家围屋保护工程。

2017 年 5 月 31 日，龙岗区文体旅游局印发《龙岗区不可移动文物安全工作职责分工》。

2017 年 11 月 13 日，龙岗区人民政府公布八处区级文物保护单位区划图。

2018 年 4 月 24 日，龙岗区人民政府实施《关于进一步加强龙岗区文物工作的实施意见》。

2018 年 6 月，开展龙岗区不可移动文物新桥世居一期修缮工程。

2018 年 8 月，开展大田世居整体修缮工程——龙岗区不可移动文物抢险加固修缮工程。

2019 年 5 月，开展龙岗区不可移动文物抢险加固修缮工程——兰桂书室整体修缮工程。

2019 年 5 月，开展龙岗区不可移动文物新桥世居二期修缮工程。

2019 年 8 月，开展吉坑世居——龙岗区不可移动文物抢险加固修缮工程。

2019 年 11 月 19 日，龙岗区人民政府办公室印发《龙岗区未定级不可移动文物管理办法（修订版）》。

2019 年 12 月，开展南岭炮楼、俊千学校修缮工程——龙岗区不可移动文物抢险加固修缮工程。

2020 年 2 月 26 日，深圳市龙岗区文化广电旅游体育局印发《龙岗区未定级不可移动文物管理办法（修订版）配套文件的通知》（深龙文规〔2020〕5 号）。